静かな退職という働き方

海老原嗣生
Ebihara Tsuguo

PHP新書

はじめに――「静かな退職」が流行し始めた理由

「静かな退職」という言葉をご存じですか？

２０２２年にアメリカのキャリアコーチが発信し始めた「Quiet Quitting」の和訳で、会社を辞めるつもりはないものの、出世を目指してがむしゃらに働きはせず、最低限やるべき業務をやるだけの状態、とされています。

彼らは、「働いてはいるけれど、積極的に仕事に意義を見出していない」のだから、退職と同じという意味で、「静かな退職」と名付けたのは、言い得て妙と言えるでしょう。

かつて「エコノミックアニマル」「24時間戦えますか」などと揶揄《やゆ》された日本のビジネス界でも、昨今、「静かな退職」が浸透しつつあるようです。

「将来、管理職になんかなりたくない」。令和４年度の「新しいライフスタイル、新しい働き方を踏まえた男女共同参画推進に関する調査報告書」によると、そんなふうに昇進に後ろ向きな意見が、男性56・３％、女性82・３％と、マジョリティを占めています。

「会社での付き合いなどなるべくしないで、私生活を充実させたい」。パーソルキャリア傘下のＪｏｂ総研が２０２３年に行った調査では、全体の72・2％が仕事よりもプライベートを重視すると示されています。この調査では「実際にあなたは現状、どちらを優先させているか」という質問も設けていますが、30代以降だと「やはり仕事」が大多数になっている中、20代は46・9％とほぼ半数が「プライベートを優先」する結果となっています。どうやら、若い世代を中心に、「静かな退職」が着実に浸透し始めたようです。

・言われた仕事はやるが、会社への過剰な奉仕はしたくない。
・社内の面倒くさい付き合いは可能な限り断る。
・上司や顧客の不合理な要望は受け入れない。
・残業は最小限にとどめ、有給休暇もしっかり取る。

こんな社員に対して、旧来の働き方に慣れたミドルは納得がいかず、軋轢《あつれき》が増えているのではありませんか？

この本は、そうした軋轢を解消するのが一つの目的となっています。いわば「静かな退職」の取り扱いガイドブックだとお考えください。

具体的には、静かな退職を望む本人と、彼らと対峙《たいじ》することになる周囲・上司・会社

「静かな退職者」の例

会議で発言しない

定時に帰る

飲み会は不参加

管理職になりたくない

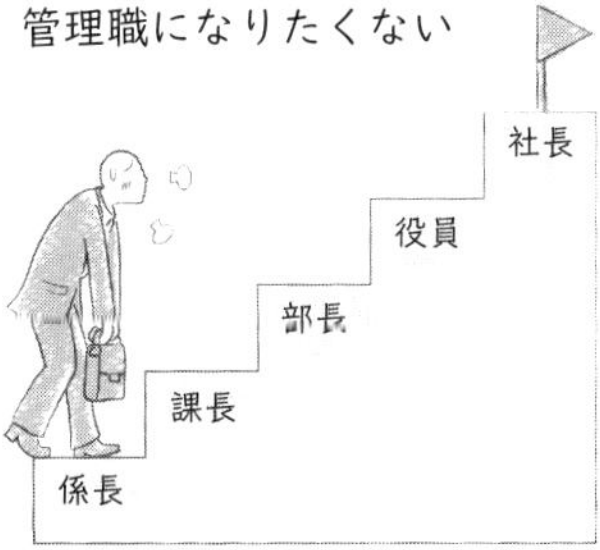

――両方に対して、「静かな退職」を軟着陸させるための説明をしていきます。

まず、「静かな退職」は、世界では当たり前だということ。そして、昨今どうして「静かな退職」が日本でも日の目を見ることになったのか、社会構造の変化について説明します。

続いて、「静かな退職」を考える人たちに対して、それでも会社の利益に相反しないよう、現役時代はどう工夫すべきか、同時に、金銭的に家庭生活をどう成り立たせるかのヒントをデータや事例で解説しています。

さらに、会社にとっての「静かな退職」の効用を述べています。実は、経営改善の一環としても、「静かな退職」は重要だという驚くべき視点を添えています。

最後に、日本国として「静かな退職」をどのように考えるべきかに焦点を当てていきます。それは、生産性指標の改善のみならず、少子高齢化や男女共同参画といった政府が直面する課題に著効《ちょこう》をもたらすからです。

欧米（というと欧と米でも働き方は異なるし、欧の中でも様々だと言われそうですが、それでもあえてこういう括《くく》りとします）と日本の働き方の一番大きな違いは何でしょうか？

私は雇用の世界に40年近く身を置くジャーナリストとして、本書でこうした現状を綴《つづ》っています。

日本の、とりわけ「大卒正社員」は、原則、幹部候補と言われ、誰でも課長以上に昇進するチャンスが与えられた存在であり、実際、管理職になれる割合がかつては高かった。言うなれば「誰でもエリートを夢見られる」働き方をしていました。

一方、欧米の場合、エリート層とそうではない大多数は厳格に分かれています。欧州大陸諸国であれば、職業資格（向こうでは多くの仕事・職階に就くために公的資格が必要）と学歴で昇進上限が決まり、自分の将来が早期に見えてしまうのです。アメリカではそこまで公的な区別はありませんが、それでもやはり、上級マネジャー以上に昇進する人は選抜され、また、学歴的にもＭＢＡや博士号の保持者などが多数を占めるようになります。つまり、「大卒で入社した瞬間、誰でも幹部候補で横一線に並んで、30代半ばから後半まで同じ土俵にいられる」という社会ではありません。だからこそ、彼らは見えている将来に従って、バリバリ働く人と、そうではない人に分かれ、後者には「静かな退職」が浸透したのでしょう（逆に言うと彼らはそれが当たり前の働き方だと思っているが故に、「静かな退職なんて呼ぶな！」という意識も強く持っています）。

日本は、「誰でもエリート」で「将来、部長や役員になれる可能性がある」というニンジンを餌に、「忙しい毎日」を促され続けてきました。それが昨今壊れ、世界標準に近づいたということでしょう。

昭和→平成→令和という時代の流れの中で、社会は大きく変わってきました。そろそろ、日本人も頭の中を一変させましょう。この「静かな退職」こそ、当たり前の働き方であり、本人・周囲・上司・会社もそれを認知する時が来ています。

海老原嗣生

静かな退職という働き方

contents

第1章　日本にはなぜ「忙しい毎日」が蔓延《はびこ》るのか

第2章

欧米では「静かな退職」こそ標準という現実

第3章 「忙しい毎日」が拡大再生産される仕組み

第4章 「忙しい毎日」を崩した伏兵

第5章

「静かな退職」を全うするための仕事術

第6章 「静かな退職者」の生活設計

第7章 「静かな退職」で企業経営は格段に進歩する

第8章　政策からも「忙しい毎日」を抜き去る

図版・本文イラスト：G-RAM. INC　齋藤稔

第1章

日本にはなぜ「忙しい毎日」が蔓延《はびこ》るのか

昨今、時折見かける職場風景

最初に少し考えさせられる実話を書かせてください。

26歳で大手情報出版社の営業をしている深野和之さん（仮名）は、周囲から煙たがられる存在でした。仕事内容は、雑誌に載せる広告を取ること。売れ筋の媒体を多数持つ出版社だけに、個人の目標金額も大きく、彼のノルマは月間900万円となっています。

深野さんは鳴かず飛ばずの成績であり、毎月目標に届くか届かないかというラインに留まり続けています。あと少しで目標をクリアという場面でも、もうひと踏ん張りがありません。クライアントから「今晩中に来月の空き枠と、値引き額の限界を媒体ごとに示してほしい」というメールがあったとしても、18時を過ぎていたら未読スルー。困ったクライアントが電話で直接要望を繰り返しても、「頑張ります」と言うのみで、そのまま帰宅してしまいます。そして、翌朝出社後に資料を作り、昼前くらいに顧客にメールで連絡をするといった仕事の仕方でした。ただ資料自体は、くまなく全媒体の空きと、クライアントの出稿ランクをまとめ、値引き率を幾分上乗せして提示しています。

顧客から「いい資料だけど、昨晩もらえれば……」という半ばクレームを受けても、

「すみません。手を尽くしたのですが、担当のいない媒体があり、網羅できなかったもので」と、それらしい言い訳をしています。

深野さんはこんな感じで、営業活動を全てメールと電話、たまにＺｏｏｍを使って行い、顧客を訪問することはまずありません。当然、顧客との夜の付き合いなども皆無。お互いの人柄さえもよくわかっていない状況です。

だから、深野さんの上司にあたる中川課長（仮名）は、顔見知りの顧客から、こんな文句を言われ続けています。

「中川さんとこの深野さん、冷たいよね。ミスとかポカはないけど、一生懸命さが足りないんだよなぁ。中川さんの時には、ほんとに汗をかいてもらったんだけど」

中川課長は苦い顔でこう答えます。

「いやあ、深野はまさにZ世代特有と申しますか。社の納会や催し物も、勤務時間外だとすぐ帰ってしまう奴でして。全く近頃の若者は……」

さてあなたは、中川課長と深野さんのどちらにシンパシーを感じましたか？

昨今、深野さん的な働き方をする人が増え始め、「中川課長との対立」が多くの会社で再現されがちです。現代人は、この異なる価値観の相克《そうこく》にどう対峙したら良いのでしょうか。

欧州の「標準労働」は、日本ならクビになるレベル

それではここで、世界の国に少し目を向けてみましょう。

欧州に旅行した人から、「日本じゃあり得ない！」というような経験をした話を聞いたことはありませんか？

私の友人のラジオＤＪが、かつてこんな話をしてくれました。

大のサッカーファンの彼は、欧州のプロフットボール観戦三昧で、スペイン→フランス→ドイツと周遊旅行を企図したそうです。その途上、スペインとフランスの国境にある「アンドラ公国」という小国への観光を希望し、バルセロナからバスに乗りました。

ただ、道は大渋滞でなかなかバスは進みません。国境近くまで来た時に、ドライバーは業《ごう》を煮やしたのか、やおら高速道路を降り、一般道を走り始めました。そのＤＪは「日本みたいに経路を遵守《じゅんしゅ》しないで機転を利かせて道を変えるなんてなかなかヤルな」と初めは前向きに評価したそうです。

ところが、バスは一転、近くの車庫に入り、そこで乗客は皆降ろされてしまいます。そ

して、「定時になったから、ここから先は、各自、タクシーなりヒッチハイクなりで行ってくれ。距離はあとわずかだ」と告げられたそうです。

　あまりのことに驚いていると、欧州の人たちは文句も言わずに三三五五散っていきます。

「こんなのあるか！」と怒るのは日本人と中国人と韓国人だけ、という状態でした（大げさに言う人なので、多少の誇張はありそうですが）。

　欧州のサービスは全くひどいものだ！と彼が杯を傾けながらそう語ると、一緒に飲んでいた人たちも、つられて自分の経験を話し始めました。

「パリで電車が止まったんだけど、車内アナウンスがあっただけ。遅延証明とか迂回《うかい》ルート案内とか、無料代替チケットとか、そんなもんなかった。文句を言うと、〝運送約款に書いてあるだろ〟って言われた。それ以上クレームをつけたら警察沙汰になりそうだった」

「私はベルギーのスーパーで、言葉がわからず右往左往していたら、いきなりビニールバッグを丸めて投げつけられました。『ビニール袋は有料だが、いるか』と聞いていたようで……。彼女は携帯電話片手にレジを打っていて、おしゃべりに夢中で面倒臭かったのでしょう」

いやあ、どれもひどい話ですね。そういう私も、仕事柄、欧州に取材に行き、何度も驚いたことがありました。

まず、銀行や役所の窓口。彼らは定時になると、人が並んでいても、平気でシャッターを下ろします。日本ではあり得ませんね。

私は「雇用ジャーナリスト」として、あちらの職業訓練校や商工会議所などを訪ねることも多いのですが、そうした時、アポイントを取ってくれるコーディネーターから、必ずこう注意を受けます。

「向こうでは、残業はまずしないから、15時以降のアポは厳禁です。途中で退社時間が来たら帰ってしまいますから。それと、金曜は土日のことで頭が一杯なので、大方アポは取れません。木曜でも午後はもう上の空です。だから水曜、最悪でも木曜午前中までに訪問しましょう」

ということで、私たちは木曜早朝着でそのまま取材、などということが何度もありました。職業訓練校も商工会議所も「公務（準公務）」なのに、この調子です。

どれも、日本ではあり得ませんが、これが欧州の標準的な働き方です。先進国クラブと呼ばれるＯＥＣＤ（経済協力開発機構）加盟38カ国は、欧州国家が大半を占めるのだから、日本こそが先進国の中の〝異端〟と言えそうです。

ひるがえって考えてみてください。日本では「あいつはやる気がない」「会社のお荷物だ」なんて言われそうな「静かな退職者」とて、欧州にいたら、標準以上の立派な働き者認定をされるのではないでしょうか。

手を抜けば抜くほど「労働生産性」は上がる

こんな話をすると、欧州の一般社会をあまり知らない人たちからは、こう反論されそうです。

「そんなひどい働き方では、生産性が上がるはずがないじゃない。ＯＥＣＤ諸国の中では、欧州の労働生産性は高く、日本の方こそ劣るんだから、おかしいよ」

こうした反論をする人が全く欧州に行ったことがないなら、まだわかります。ところが、バリバリのエリートで欧州滞在経験が豊富な人がそんなふうに言うから話がややこしくなります。実は、欧州のエリート（たとえばフランスなら「カードル」と呼ばれる人たち）は、おっしゃる通り、バリバリ働きます。また、高級ホテルやブランドショップ、ガイドブックに載るような有名レストランでは、日本以上に至れり尽くせりのサービスが供されます。そうした「きらびやかな世界」での生活しか知らないエリートは、一般大衆の世相がわからないのです。

さて、件《くだん》の〝生産性〟について、説明することにしましょう。

実は、仕事とは「手を抜けば抜くほど、生産性が上がる」ものなのです。たとえば、前述した友人のラジオＤＪがした、バルセロナからアンドラ公国に向かったバスが、途中で停まり、乗客を降ろした話を考えてみましょう。

この運転手は定時通りに仕事を終え、全く残業をしていません。対して日本なら、サービス残業をしてまで、現地に乗客を送り届けていたでしょう。結果、労働時間当たりの売上（バス乗客の運賃総額）はフランスの方が上になります。

さらにこの場合、降ろされた乗客は、新たなバスに乗るか、タクシーを捕まえるかしなければなりません。その結果、新たなバス・タクシー料金が発生します。それは、すなわち消費＝生産が増えたことに他なりません。

どうですか？

この事例は極端すぎるので、他にも考えてみましょう。

たとえば、欧米系の衣料品や家具の量販店では、「いつでも返品OK」と銘打っています。その分、けっこう不良品も多い。たとえば、1％の確率で不良品が発生したとしましょう。

一方日本は、不良品自体を恥ずかしいと考えがちです。だから、不良品発生率を0・1％まで下げるよう努力します。結果、「ジャパニーズ・クオリティ」と世界で評されている。その良き面は私たちも誇らしく思っています。

だけど、この場合、生産数量は不良品発生率の差分となる0・9％増えるのみです。でもそのためには、検品や修繕などで労働時間が2〜3割程度延びるでしょう。生産数量はたった0・9％しか増えないのに、労働時間が2〜3割延びれば、生産性は大きく下がります。

ジャパニーズ・クオリティという揶揄

こうしたことが日本では随所で起きていることに、ぜひとも気づいてほしいところです。

私はかつて編集長をしていた雑誌で、DHL（配送会社）の部長とグラクソ・スミスクライン（医薬品メーカー）の社員と鼎談《ていだん》をしたことがあります。その時、グラクソの人が、こんな疑問を投げかけました。

「フランスだと、薬の外箱が汚れていたり、凹《へこ》んでいたりしてもクレームにはなりません。もちろん、中のタブレットから薬が飛び出たりしていたら問題ではありますが。でも日本では、外箱が汚れているだけで、返品・交換が発生します」

DHL社の部長の答えは、さらにその上をいっています。

「いやいや、そんな外箱が汚れているならまだクレームもわかりますが、私たちが相手にする日本企業だと、荷物を梱包《こんぽう》した段ボール箱に傷があっただけで、文句を言われるんです。だから、欧米のクライアントでも、些細《ささい》なことでうるさい場合は、『今回はジャパニーズ・クオリティでお願いします』という隠語で揶揄していているんです」

似たような話はいくらでも挙げられるでしょう。欧州であれば、キュウリが曲がっていても、トマトに傷があっても、普通に商品として並べられます。日本だとそれは不良品として値段が落ちるから、農家は繊細な作業を要望され、やはり労働時間が延びる。でも売上は、不良品が捨てられる分、減る……。

おわかりいただけましたか？

丁寧にいい仕事をすればするほど労働生産性は下がり、手を抜くと上がるのです。そういう意味においては、欧州の働き方や日本の「静かな退職者」のそれは正しく、間違っているのは日本の「常識」だと言えそうです。

なぜ日本のスナック菓子メーカーは毎年40もの新作を出すのか

かつて私は、日本と欧米のスナック菓子メーカーの比較記事を書いたことがありました。日本の場合、大手メーカーだと、スナック菓子の季節商品を年に40〜50も開発し続けているそうです。そのうち、次年度以降も残るのはせいぜい5品でしょう。そして、そこまで努力しても総売上は全く増えていません。実際、売上の8割以上は、数品のブロックバスター（売れ筋定番商品）が稼いでいるのです。

一方欧米メーカーは、ほとんど新商品など出しません。プリングルズやキットカットなどの定番商品を変わらず出し続け、新たな商品を作る時は、本格ヒット狙いで練りに練ったものを年に数品出すだけです（欧米企業でも日本市場だけには多様な新商品を出してはいますが――キットカットなどその典型でしょう）。

なぜ、日本のスナック菓子メーカーは、こんな壮大なる無駄を何年も続けているのでしょうか？　その背景には、社内に「それが当たり前」という文化が充満しており、その文化は、卸《おろし》や大手小売りなどからの「季節ごとに集客のネタとなる新商品が欲しい」という声に端を発し、さらには、こんな四季折々の華やぎに慣れてしまった一般消費者の高い要望があるからと言えそうです。

　結局、こうした「顧客要望に向き合う」真摯《しんし》な仕事の進め方がスナック菓子メーカーには染みついており、だから企画部門はフル回転で新商品を開発し、それを販促するために宣伝部門は日夜広告を考え続け、さらに営業は新たな商品を紹介しに足しげく業者を巡る、という「真剣で濃厚なサービスの輪」ができてしまっています。

　ただし、再度書きますが、それでも年間売上は全く伸びておらず、その結果、日本のスナック菓子メーカーは、欧米と比べて売上利益率も投下資本利益率も、著《いちじる》しく低い数字（半分以下）になっている……。

　つまり、日本人が今までやって来た「顧客と真面目に向き合う」働き方は、ブルシット・ジョブ（あってもなくても変わらない意味のない仕事の蔑称）の塊《かたまり》だと言えるのではないでしょうか。

業績に関係ない努力が信奉される異常

「静かな退職者」の真逆になる、いわゆる「忙しい毎日」型の仕事を少し考えてみましょう。

①評判のいい営業は、顧客訪問をした後に、お礼のメール（昔は手書きのお礼状でした）を出します。
②「近くに来たので寄りました」と、こまめに顧客を訪問します。
③賀詞交歓会などの催し物に顔を出します。
④ちょっとしたことがあると「上司を連れてきます」という対応をします。
⑤会議では、手書きで良いのにパワーポイントの資料を作成し、それを人数分コピーして配布します。
⑥パソコンに細大漏らさずメモをとり、それを議事録にまとめます。
⑦ビジネスでメールを出す時にも、時候の挨拶から書き始め、その後、近況報告や先日のお礼などを入れてから、ようやく本題を書きます。

営業の場合、仮に①〜④の仕事を全部やめてしまったら、売上は本当に下がるでしょうか？　④などは、本人だけでなく上司にまで「ブルシット・ジョブ」を誘発しているのです。

⑤は、最低限のパワポ資料を投影し、終了後、PDFで配布すれば事足りるでしょう。⑥は要点のみの手書きでかまわないし、最近では質の良い採録・テキスト化・要点整理のガジェットがあります。

⑦は、アメリカだと、Dear ○○の次に、いきなり用件が書かれ、それも「はい・いいえ」で答える形式で、その「はい・いいえ」さえ「Y／N」と省略されていたりします。

ちょっと探っただけで、これだけ「業績に関係ない」仕事が出てきます。

街中を見渡しても、大きな駅に行けば、乗り換え案内や電車の行く先のアナウンスが四六時中流れていますが、これも果たして必要でしょうか？　ホームでは、「雨の日なので傘のお忘れに注意しましょう」などと流されますが、電車を降りた後にそれを聞いても意味がないでしょう。「駆け込み乗車は危険ですのでおやめください」という注意も、果たしてそれで止める人がいるでしょうか？

ベーカリーに入ると、買ったパン一つひとつを柔らかなビニールで個別に包み、それをさらに大きな袋に入れ、最後に手提げに全部を詰めて渡されたりします。

こんなサービス、本当に必要ですか？

私たちは今まで、「真面目に良いサービスを」というお題目に騙され、ブルシット・ジョブの渦にもがく生活を送っていたのではありませんか？

それらはすなわち、「やっている感」を目一杯示すだけの行為でしょう。


私たちは「何かあったら」「ひょっとすると」で忙しくしている

では、私たちはなぜ、こんなにも「やっている感」を醸《かも》し出しているのでしょうか？

その答えは、「それが評価につながる」、いや、「何かあった時に言い訳になる」からでしょう。つまり、なれ合いのために、ブルシット・ジョブを繰り返している……。その分、労働時間がいたずらに延び、結果、生産性が下がり、私生活を犠牲にせねばなりませんでした。

嫌な言い方をすれば、ようやく今、こんな洗脳が解け始めたと言えるでしょう。

では、今後私たちはどう働けばいいのでしょうか。

そこを考えることこそ、本書の使命です。「静かな退職者」が単なる利己的なぶら下がり社員であっては（じきに会社から不要とされるので）成り立ちません。

そうではなくて、「静かな退職者」なりに生き残るにはどうしたらよいのでしょう。

私は、よくこんな喩《たと》えを用います。

今、目の前に2軒のラーメン屋さんがあります。

一つ目のお店は、床も机もとてもピカピカに磨かれています。入店後すぐに、店員さんが深々と頭を下げ「いらっしゃいませ」と挨拶します。椅子に座ると愛想のよい店員さんがお水とメニューを出し、その後、注文を取りに再度来てくれます。そして、食べ終わると、席で会計ができ、さらに、店を出る時には、再び深々と頭を下げて「ありがとうございました」と言われます。

もう一店舗は、ラーメンの出汁《だし》の匂いが充満していて、暖簾《のれん》などはその匂いが染みついています。入店後は何の挨拶もなく、注文も自ら券売機に赴《おもむ》いて食券を買い、水は給水器、箸やレンゲはカウンター上のケースから取らねばなりません。そして、食後は空になった丼と箸とレンゲをカウンターに戻し、店を出ます。もちろん、見送りの挨拶など全くありません。

さて、あなたはどちらの店を選ぶか、手を挙げてください。

こう聞くと、多くの人は、前者を選びます。

そこで、すかさず私はこう投げかけます。

「でも、前者はとてもまずいラーメンで、後者はとんでもなく美味いラーメンだったらどうしますか」と。

よく考えてください。街の有名なラーメン屋さんなどは、後者の類《たぐい》が多いのではありませんか？　そうした店は、愛想が悪いだけでなく、やたらと機嫌が斜めな店主だったりしますが、それでも美味しければ自然と足を運びます。

結局、ラーメンは「美味しい」という本質が大切なのであり、ブルシットなおまけがいくらついていても「まずければ」意味がありません。いくらペコペコ頭を下げて、上げ膳据え膳でお客に媚《こ》びても、本質が伴っていなければ、意味がないことはわかるでしょう。

今の日本は、自己満足でしかない「おもてなし」の無意味さが、いたずらに推奨され過ぎているのです。

仕事もそう。「美味しければ」、ブルシットな付録は捨て去れます。

もちろん、美味しいだけではなく、たとえば「とても安い」「量が多い」「料理提供が速い」などというのも本質的なサービスです。こうした本質を自分流にしっかり保てば、ブルシットな作法は極限まで省略していける。それはすなわち、本質さえしっかり保っている「静かな退職者」ならば、上司や周囲の人も、彼を否定できない、ということにもなります。

これが、「静かな退職」を目指す人への一つ目のアドバイスとなります。

第2章

欧米では「静かな退職」こそ標準という現実

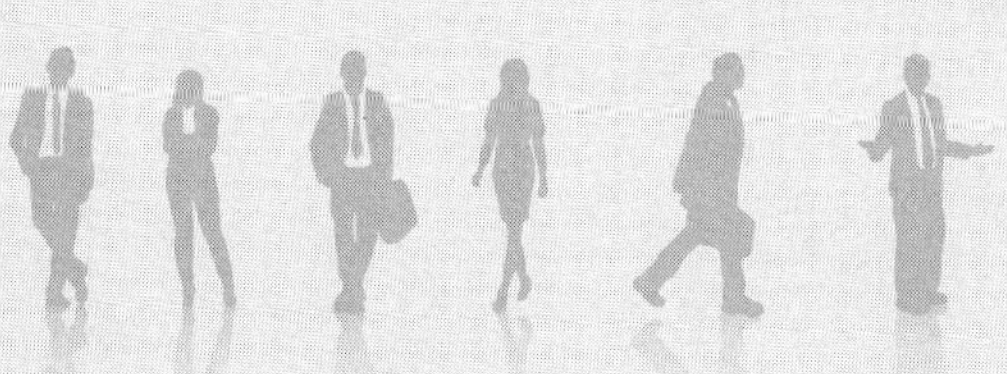

私たちは、あまりにも世界を知らない

アメリカの調査会社「ギャラップ」が2022〜2023年に行った調査「2023 State of the Global Workplace」によると、世界では平均59％の労働者が「静かな退職者」に該当すると言います。

私はこの数字を見て、「ずいぶん低い」と感じました。欧米に関して言えば、7〜8割の従業員が「静かな退職者」にあたると考えていたからです。たぶん、彼らはそんな手抜き仕事を真っ当と考えており、だからこそ「自分は『静かな退職』なんて不埒《ふらち》な働き方なんてしていない」と、数字が下振れしていると私は思っています。

なぜ、そんなふうに思うのか。

まあ、日本とイギリスの労働者を比較した以下の文章を読んでください。

■リバプールの工場

遅刻と欠勤の増加に対して、我々は大いに憂慮しており、事態はもはや放置できない段階に達している。普段の日で遅刻者は1600人を下らないし、さらに、従業員の10

％が何等かの理由で欠勤している。（中略）

今後は、遅刻のつづく者、もしくははっきりした理由もなく欠勤する者に対しては、極めて厳しい処置をとる。

月に遅刻６回か、ちゃんとした理由のない欠勤が３回あると、出勤常ならざる者とみなされ、職場委員会の立ち会いのもとで口頭による警告が与えられる。（それでも同様に繰り返した場合）次の段階になると、上級職場委員会の立ち会いのもとで、警告の文書が手渡される。それでもダメなら解雇ということになる。

※この処置により、５カ月間で５・３％の従業員が解雇されている。

■古里（長野）の工場

昼食時間終了の５分前のサイレンが鳴った時には、次のサイレンで直ちに仕事を始められる態勢をとっておくこと。たとえば、ピンポンやその他のスポーツをやっていた者は汗をふき、将棋をやっていれば片づけるなどしておくこと。つまり、心と身体を次になすべき仕事に向けて整備を終えていなければならない。

工場の従業員約８０００人のうち、（始業10分前の午前7時50分以前に出社した者は７０

00人余り)、午前7時50分から55分の間に到着した者は917人、85人は7時55分のラジオ体操開始後に到着。7人だけが8時に仕事が始まった後で到着した。
※遅刻率は0・1%。

これは、日・欧の比較研究の巨匠と目《もく》されるロナルド・P・ドーア氏の『イギリスの工場・日本の工場』(筑摩書房)から抜粋したものです。この本の日本での初版が1987年なので、書かれている内容は40年ほど前の風景となるでしょうが、日本の工場についていえば、ここに書かれていることと、現状とに大きな相違はないと読者の皆さんもわかるでしょう。私の見る限り、同様にイギリスのワーカー層の労働状況も、現代でもこれとあまり違いはありません。

これほどまでに、日・欧の普通の人たちの働き方は異なるのです。トップエリートを除くと、まさに「静かな退職」が労働者の標準と言えるでしょう。

日本人には信じられないことかもしれませんが、なぜ、このような働き方が標準になっているのかを、歴史や社会システムから少し説明することにします。

欧州では従業員とは「外からやって来た労働供給契約者」に過ぎない

ちょっと遠回りして話を始めたいのですが、皆さん、法律で「社員（Member）」とは、何を指すのかご存じですか。社員というワードは、民法の特別法である「会社法」の中の600条前後の法文に現れ、そこでは、株式会社の「株主」に当たる人という規定をしています。そう、従業員ではなく出資者こそが民法上の「社員」なのです（45ページ、図表①）。

そもそも、こうした民法は欧州法を模して作られており、「社員」の概念も、欧州からの輸入となります。つまり欧州では、社員（メンバー）とは出資者≒株主≒資本家を指すことになります。

では、日本で普通に使う意味の従業員は、欧州ではどのように規定されているのか。彼らは、「労働供給契約を会社と結んだ人」でしかありません。どうしてこんなに温かみのない言葉が用いられるのでしょう。

それは、歴史を紐解《ひもと》かないとわかりません。

元々、欧州の資本家は、生産設備をそろえ、そこに職人を雇う形で事業を営んでいました。資本家は当然、安く職人を使おうと考えます。それに対して、職人たちは団結して対抗します。

職人の親方たちは、同業で集まり、「ギルド」という組織を作っていました。これは中世の一時期、力をなくすのですが、産業革命以降のイギリスではギルドが再生し、親方たちが団結して、労働力の安売りを禁じ、ストライキで資本家に圧力をかけるという戦術を取りました。このギルドが発展して「労働組合」になるのです。

だから、欧州の労働組合は、基本的に同業の労働者が集まって団結したもので、日本のように企業別に組織されたものとは形が全く異なります。欧州では、こうした「会社を超えて労働者が加入する組合」があり、そこからやって来た人たちがワーカーなのです。彼らは労働組合員であって、会社と単なる労働供給契約を結んでいる人でしかなく、会社のメンバーとは言い難《がた》い――欧州での労働者とはどういう存在なのか、これで理解できたでしょう。

そこには、会社のために身を削って働くという考え方はあり得ず、会社側から見れば、「バックに強力な交渉者がついている厄介《やっかい》な人」なのです。だから、腫れ物に触るような扱いをした。章頭のドーア氏が示した「イギリスの工場」の日常風景を生み出す背景に

図表❶ そもそも、民法上の「社員」の定義とは?

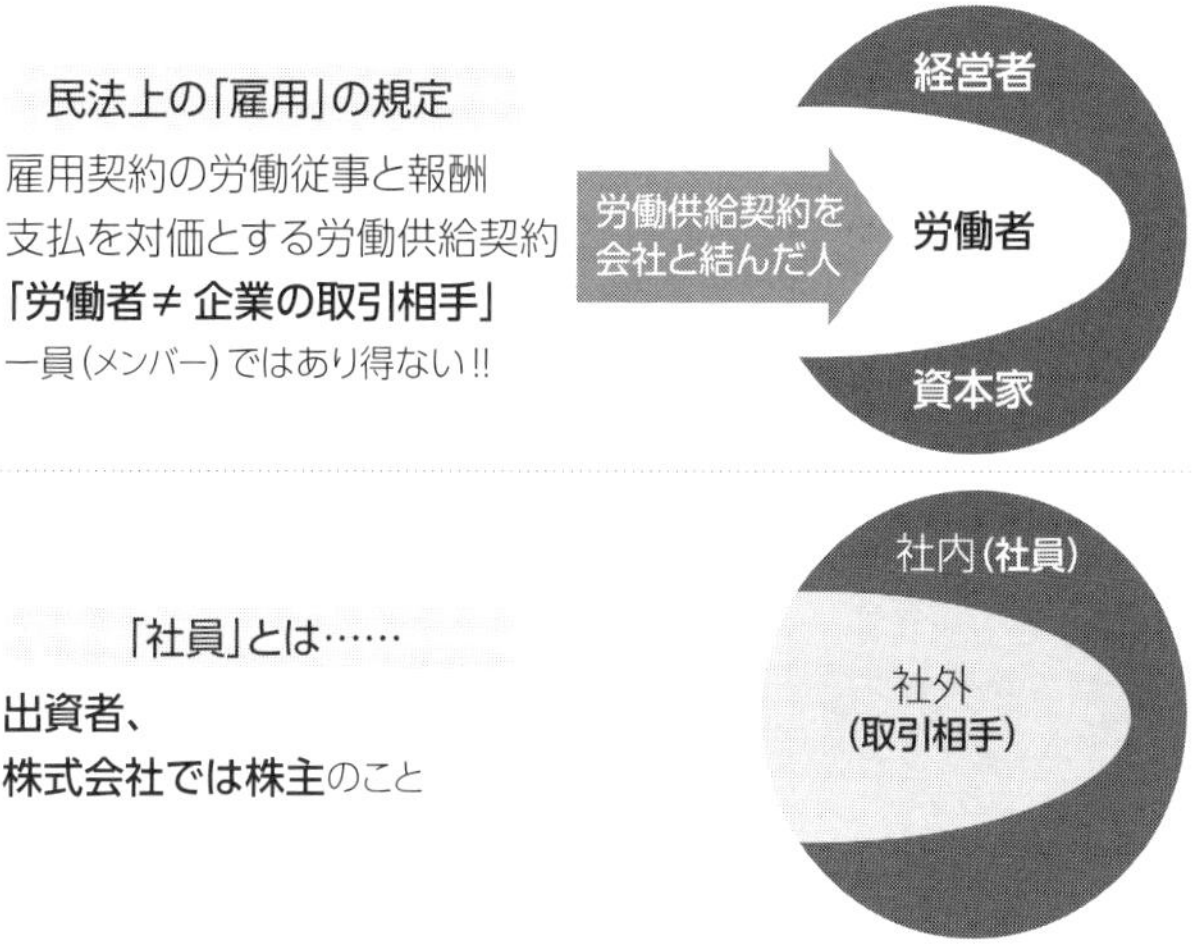

は、こうした歴史があるのです。

欧州エリートは半端ない学歴

一方で会社が発展拡大すれば、社員（＝資本家）たちは、自分たちの側につく経営管理要員が必要になってきます。こうした一団をエリート層として形成し、一般労働者と分離していきました。彼らは、事業を成功に導くために、専門の知識と技能を積み上げることを要求されます。だから、フランスならグランゼコール、ドイツでは商工会議所が発する高度職業資格や経営博士号などといった教育プログラムが作られていきます。こうした高度学歴を持った人たちが、会社に入って若い時からエリートの道を歩む、という仕組みが連綿と紡がれていくのです。完全な分断ですね。

悲しいことに、日本の官僚や国際公務員などとして欧州赴任経験のある人たちは、こうした欧州のエリートばかりと親交を重ねているのです。だから、日本にはそちら側の話ばかりが広がります。ただ、人口レベルで言えば、圧倒的に「一般的な労働者」の方が多いことは間違いありません。

ちなみに、欧州の場合、普通の大卒では、こうしたエリートコースに入ることは稀《まれ》と言えるでしょう。前述の通り、フランスではグランゼコールという経営者養成校を卒業していることが必要条件で、そのためには、高校時代に普通高（専門高校ではダメ）で成績上位に入り、彼らだけが進める予備級（受験準備のための学校）で1日16時間などという猛勉強をした暁《あかつき》に、1週間近くに及ぶ受験選抜を経て、グランゼコールへの進学が可能となります。だから、彼らは鼻もちならないほどの「エリート風」を吹かせているのです。私がフランス取材で何度もご一緒してもらった通訳（日本文学を専攻した普通の大卒フランス人）が、「今までカードルという類の人で、良い性格の人には会ったためしがない」と泥酔しながら流暢《りゅうちょう》な日本語で話していたのを思い出します。

一方、ドイツでは「希望者はどの大学にも入れるから、偏差値ランクなんてない」と訳知り顔で語る人もいます。ですがこちらは、飛び級が盛んで、低年齢で大学院まで修了する人がいます。また、成績上位者には「デュアル・シュトゥディウムという「大学に通いながら、夜間や夏休みに職業訓練を受ける」というシステムもあります。よく似た言葉でデュアルシステムという職業訓練法がありますが、こちらは、義務教育修了者や大学入学資格取得者を対象に職業訓練校に通いながら企業実習を受ける仕組みです。こちらのコースに進むと2〜3年職業訓練を受けて、それから一般大学や専門大学などに通うことになります。これだとつまり、進級が職業訓練で止まってしまいますね。対して前述のデュアル・シュトゥディウムなら、ここでも普通より2〜3年修学が早まることになります。

こうして、エリートは他者よりも早く、しかも博士課程まで修了していく。フランスや日本や英米は、学校の名前が即、学歴としての誇りになる（＝ヨコの学歴）のですが、ドイツは、「高く・早くがエリートの証し、つまりタテの学歴」と経営学者の山内麻理氏（日興アセットマネジメント株式会社取締役・元同志社大学客員教授）は語っています。

ちなみに、株式市場で日経平均銘柄というものが日本にはありますね。これにはプライム上場企業の優良な225社が選ばれています。これと同じようにドイツの優良企業を集めた株式銘柄には「DAX」というものがあります。ここに名を連ねる企業の経営者は、その45％が博士号を持っている（前出の山内氏の調査）そうです。ちなみに、大学院の博士課程を卒業しただけでは博士号はもらえません。修了時に作成した博士論文が、査読をクリアして合格と認められない限り、博士号はもらえないのです。ですから、ドイツ企業の経営者には「博士課程修了者だけど、博士号は持っていない」という人はさらに多くいるはずです。

ここまで読めば、欧州で「末は社長か役員か」と目されるエリートコースの人は、一般労働者とはまるで異なる育ちをしていることが、ようやく理解いただけたのではありませんか。

欧州で一般大卒者は「単なる労働力」

ちなみに、欧州では普通の大卒者は、ホワイトカラー職務に就いた場合でも、日本で言う係長クラス（アシスタントマネジャー）で職を全うする人が多くなります。フランスではこういう層を「中間的職務者」と呼び、ドイツでは名称は特段ないのですが、一般労働者と同じ労働協約（タリフ）に沿って標準的労働をするので、「タリフ内」などと俗称されています。

彼らと会社の関係は、ホワイトカラー職であるにもかかわらず、やはり「会社の外からやって来た労働供給者」という扱いに留まるでしょう。だから、彼らもドーア氏が著《あらわ》した「イギリスの工場労働者」と大差ない働き方をしています。

これで、ようやくわかったのではないですか？

欧州の事務職従事者が、たとえば役所や銀行の窓口で、「はい、時間が来たから終わり」と、居並ぶお客を無視してさっさと窓口を閉じてしまう理由が――。

公的な資格制度で学歴と役職が結びついている欧州

さて、日本人にはまだ理解できないところがあるかと思います。

それは、「普通の大卒者や店舗販売員などが、とても仕事ができて、人柄が良かった場合、出世していくのではないか」という部分です。日本の会社だと、大卒総合職ならもちろんですが、かつては工場勤務者や販売店出身者から事業部長や役員まで上り詰めた人がそれなりにいました。ところが、欧州ではそれが「半ば公的なルール」でできません。

これも多くの日本人が知らない欧州の常識なのです。

向こうでは、仕事をするのに「職業資格」というものが必要です。税理士や弁護士といった士業だけではなく、ベーカリーやフルーツショップをはじめ、一般ホワイトカラーでも職種別に細かく資格が設定されています。わかりやすく言うならば、同じ営業職でも、自動車と家電と衣料品では全く異なる資格となり、簡単に転職はできません。のみならず、この資格は、学歴により「就ける職位（役職）」まで決まっています。結果、転職するなら職業訓練校に通って資格を取り直すことが必要であり、ある程度以上の役職に昇進を望むなら、大学院などに入り直さねばなりません（図表②）。

「フランスに生まれなければ良かった」と言う人たち

取材で、ドイツ人の若いカップル（ともに建築デザイナー）に話を聞いていた時に、日本人の感覚では耐えられないような場面に遭遇したことがあります。

そのカップルの女性に、仕事を選ぶ時の基準を質問しました。彼女は、「給料が高くて、早く帰れることが一番」とばかり言うのです。「そうかな……、クリエイターなら、給与など安くとも、若いうちは、刺激を受けるプロジェクトや、優秀な先輩について経験を積んだ方が良いのではないか」と、私は何度も彼女に食い下がります。

そんな堂々巡りを見かねた彼氏が、割って入ってきたのです。

図表❷ 欧州の学歴と職務の連関枠組み

	高等教育	知識	スキル	能力
	欧州各国の教育体系との互換	理論的知識 事実についての知識	論認知スキル／実技的スキル	責任能力、自律能力
レベル8	博士レベル	仕事または学術の分野における最も高度な最先端の、かつ分野間の境界についての知識	最先端の専門的スキルと、技術研究や革新における重大な問題を解決し、既存の知識や専門的実践を拡張し再定義するのに必要な分析と評価を含む	価値ある権威、革新、自律性、学究的・専門的品格や研究を含む仕事または学術の最前線における新しいアイデアやプロセスの開発への持続的な貢献を示すことができる
レベル7	修士レベル	ある分野の仕事または学術の最前線の知識を含む、独創的な思考や研究の基礎としての高度な専門知識	新しい知識と手順を開発するためと、異分野からの知識を統合するための研究や革新に必要な専門的な問題を解決するスキル	複雑で予測不能な、新しい戦略的アプローチを必要とする仕事または学術の情況の管理・改革、専門的知識や実践への貢献およびチームの戦略的な達成度の検証に対する責任
レベル6	学士レベル	ある分野の仕事または学術の高度な知識理論と原理の批判的理解を含む	仕事または学習の専門分野における複雑で予測不能な問題の解決に必要な、熟達と革新を示す高度なスキル	予測不能な仕事または学習の情況における意思決定に対する責任を伴う複雑な技術的・専門的活動またはプロジェクトの管理、個人および集団の専門的開発の管理に対する責任
レベル5	準学士レベル（短期高等教育）	ある分野の仕事または学術の包括的、専門的な事実的・理論的知識およびその限界の認識	抽象的な問題の創造的な解決策を開発するのに必要な総合的な認知と実技のスキル	予測不能な変更がある仕事または学習活動の情況下の管理監督、自己と他者の達成状況の検証と発展
レベル4		仕事または学習のある分野内の幅広い文脈における事実的・理論的知識	仕事または学習のある分野における特定の問題を解決するのに必要な認知と実技のスキル	通常予測できるが、変更されることのある仕事または学習のガイドラインに沿った自己管理、仕事または学習活動の評価と改善に対する多少の責任を伴う他者の定型的任務の監督
レベル3		ある分野の仕事または学習についての事実、原理、プロセスおよび一般的概念の知識	基本的な方法、道具、材料及び情報を選択し、適用することによって、任務を達成し問題を解決するのに必要な認知と実技のスキル	仕事または学習における任務の完遂に対する責任問題解決のために自己の行動を状況に適応させることができる
レベル2		ある分野の仕事または学習についての基本的事実の知識	任務を遂行するための関連情報を利用でき、単純な規則と道具を用いて日常的な問題を解決できる、基本的な認知と実技のスキル	多少の自律性を伴う監督下での仕事または学習
レベル1		基本的な一般知識	単純な任務の遂行に必要な基本的スキル	体系化された情況における直接監督下の仕事または学習

出典：The European Qualifications Framework- EQF

「彼女は職業大学しか出ていないからさ、仕方ないんだよ」

間に立った通訳は（日本人の感覚も知っているため）口ごもってなかなか訳してくれません。しばらくして通訳は「彼氏の方は、修士課程まで出ているから、給料も仕事も全く世界が違うんですよ」とポツリと言いました。

日本だったら多分、夫婦で同じ仕事に就いている場合でも、夫が奥さんに向かって、「こいつは専門学校しか出てないから」などと言ったら、必ず夫婦げんかになるでしょう。性差別や人種差別が厳しい欧州なのに、学歴によるキャリア差については、「当然のことだから、何ら臆することはない」という厳然たる事実にただただ驚いたのを覚えています。

それでも、ドイツの場合、職業資格数は全部で400弱であり、学歴の方も、商工会議所の指定プログラムを修了することで代用できたりと、そこそこ融通が利きはします。対してフランスは職業資格数が8000もあり、商工会議所のような学業代替プログラムもないため、ヨコに移るのも、タテに上るのも本当に大変だといわれます（図表③）。

かつて私は、フランス・ドイツ・オランダで40人ほどの一般労働者（大卒者を含む）にインタビューをしましたが、彼らの口からは、以下のような自らを蔑む発言が聞かれまし

図表③ 上にも横にも行けない「籠の鳥」で働く

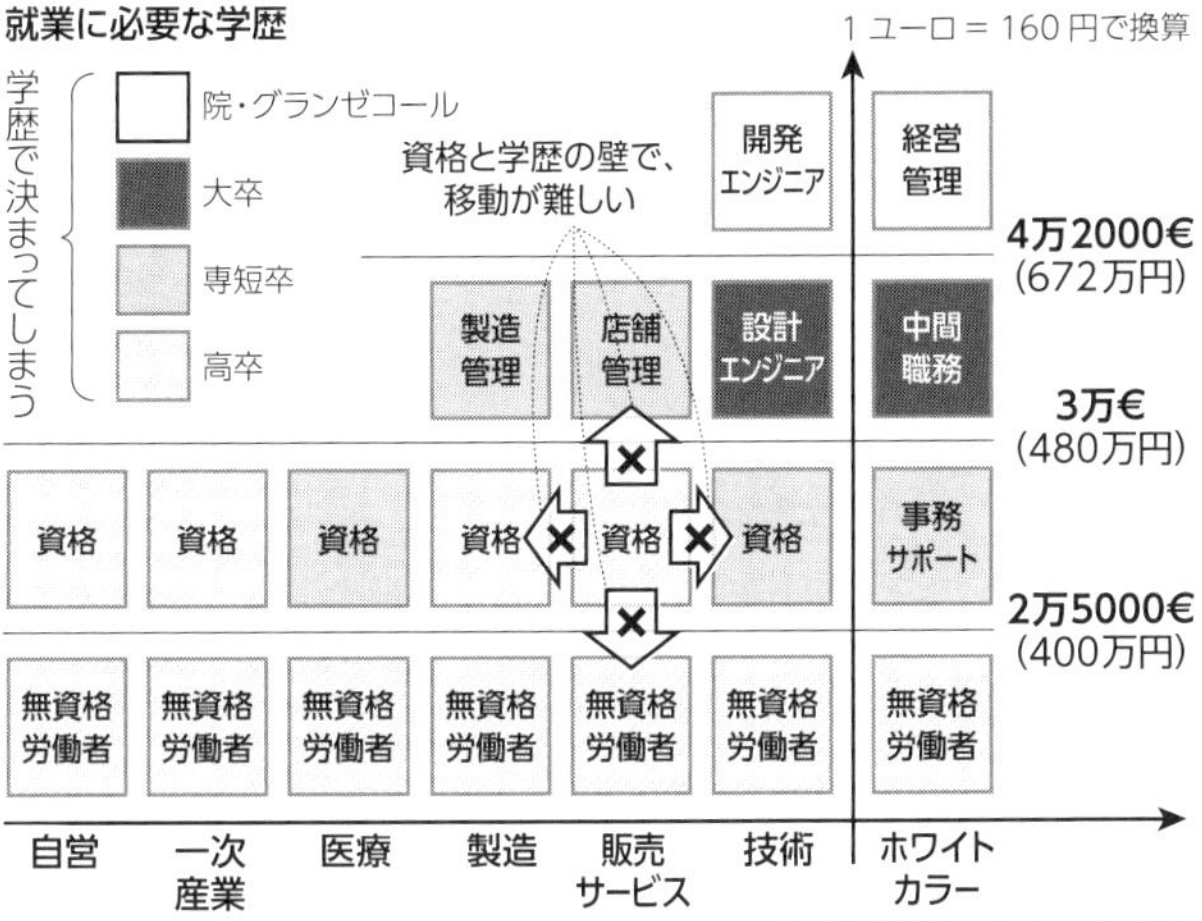

出典：賃金表を元に著者が作成

た。

「私は籠の中の鳥だ」

「俺は箱の中のネズミだね」

「自分はオデコにラベルを貼られている」

そして彼らは口々にこうも言ったものです。

「こんな国に生まれなければよかった、アメリカに行きたい。無理ならイギリスでも良い」

そう、欧州の大陸諸国はことほど左様に厳しいというのが見て取れるでしょう。

それに比べると日本は、圧倒的にゆるゆるで、大卒でそれなりの企業に入れ

図表④ 労働同一賃金という名の階級社会
フランスの職群別×年齢別年収

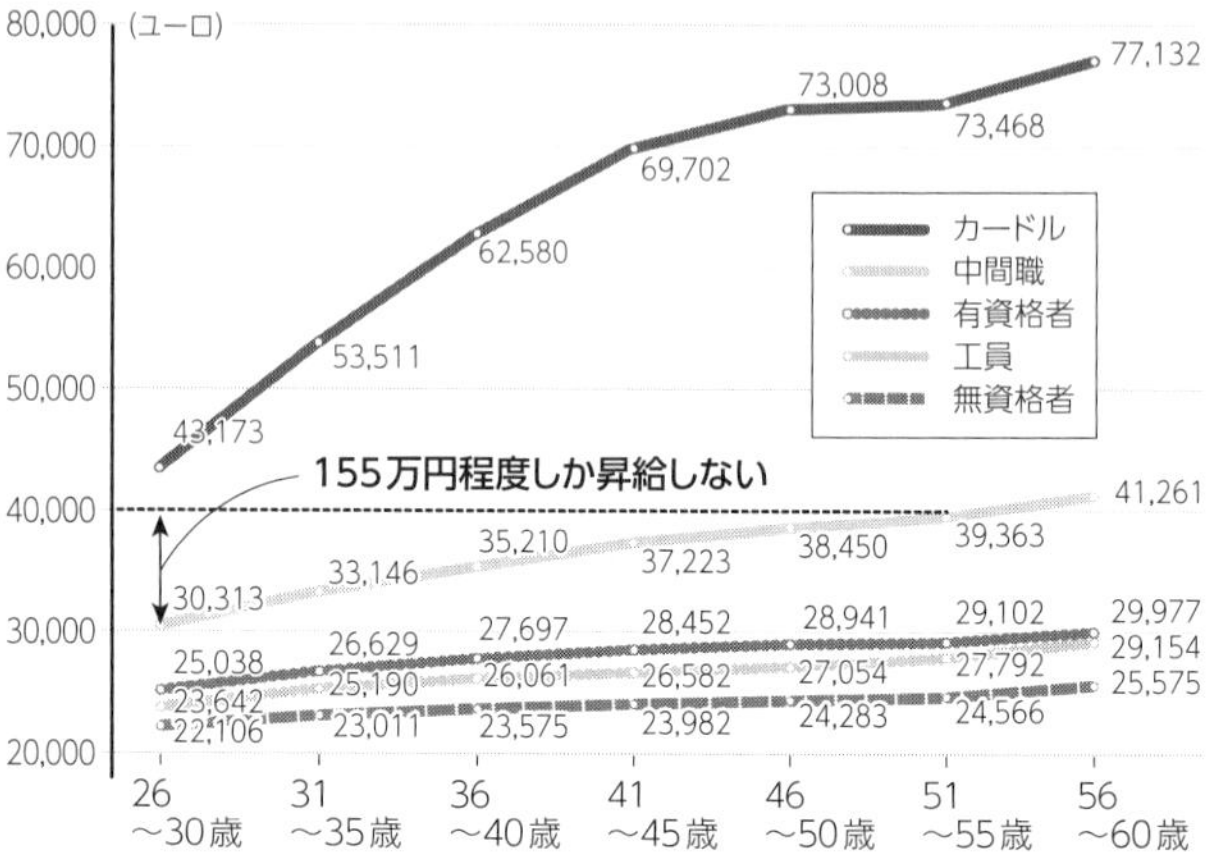

出典：Insee,2011　Salaire brut en équivalent temps plein (ou brut annuel par année travail)

ば、誰もが35歳くらいまでは「末は社長か役員か」と夢見られる、異常な世界だとわかったのではありませんか。

勤続20年を超えても、初任給と大差ない年収

ちなみに、欧州労働者の年収はどのようになっているのでしょうか？

職業区分が明確なフランスを例に示したグラフが、図表④となります。いずれも大卒男性のフルタイムワーカーの年収を示しています。

一番上の方にある折れ線が、エリート層であるカードルの年収カーブです。それは、グランゼコールを卒業したばかりの20代半ばでもう4万3000ユーロ（1ユー

ロ１６０円換算で約６９０万円）であり、30代前半には５万３５００ユーロ（約８６０万円）となり、30代後半には６万２５００ユーロ（約１０００万円）。日本のように役職定年などなく、その後も60歳まで年収は上がり続けていきます。

一方、大卒者の多くが就く中間的職務の年収は、20代後半で３万ユーロ（約４８０万円）であり、その後の昇給は緩く、40代後半でも３万８０００ユーロ（約６０８万円）に留まります。

さらにその下の一般労働者層になると、20代後半で２万５０００ユーロ（約４００万円）、40代後半でも２万９０００ユーロ（約４６４万円）と、昇給幅はわずかなのがわかるでしょう。

残業しない理由は「お腹が空くから」

では、欧州の一般労働者は一体どんな毎日を過ごしているのでしょうか。

彼らには残業はないに等しく、17時になるとさっと仕事を終えます。

私は取材で以下の質問をしたことがあります。

「夜遅くまでの残業は嫌だけど、明るいうちの18時くらいまで1時間長く働いて、残業代をもらい、一杯やりにいく生活も良くはないか？」

彼らの反応はどんなものか、皆さん想像できますか？

多くの日本人は欧州に憧れを抱いています。だから多分、「家に帰ると趣味や教養の時間がある」とか、「地域活動や社会奉仕など別のコミュニティでの時間が始まる」などと、エレガントな想像をするのではないですか？　現実は全く異なります。

「お腹が空くから家に帰る」

と言うのです。「お腹が空いたら、パスタでもピザでも食べて仕事をすればいいじゃないか」と問い返すと、返答はこうです。

「あのね、朝飯でも10ユーロ（1600円）かかるんだよ。夕飯を外で食べるわけないじゃない。外食ディナーなんて、友人が遠くから来たとか、誕生日とかそんなハレの日しかしないよ」

これが実情なのです。それでも残業が全くないから、夫婦ともにフルタイムワークを続けられ、そうすれば中間的職務なら、世帯年収は1000〜1300万円になるでしょう。だから、贅沢などを慎めば生活は十分成り立ちます。それが、海の向こうの「静かな退職者」の姿と言えるでしょう。

米国でも「アップ・オア・アウト」は一部エリートの話

ここまで、欧州大陸諸国を中心に書いてきましたが、それよりアメリカが気になる人も多いのではありませんか。アメリカは、ご存じの通り歴史の浅い国であり、ギルドはもちろんないし、労働組合もそれほど強い存在ではありません。そして、公的な職業資格も未成熟です。なので、職業や職位の垣根は欧州ほど高くはありません。比較的簡単に異種の仕事に転職も可能だし、昇進も実力次第である程度は可能です。

それでも、日本ほど「誰もが階段を上れる社会ではない」ということを、図表⑤（58ページ）で確認してみましょう。

これは、日米の男性社員の賃金が、年齢別にどう変化していくかを、指数化して比べたものです。どちらも、「平均」ではなく、「中央値」を示しています（中央値は、100人いたら50番目の人、つまり全体の真ん中の人の賃金を明示）。平均値は一部の高収入な人に引っ張られるので、中央値の方がより妥当性が高いと言えるでしょう。

日本の場合は、30歳の賃金を1とした時に、40歳は1・44、50歳は1・81と伸び、60歳で1・03へと激減しています。この大幅ダウンの理由は、55歳で役職定年、60歳で定年再

図表❺ 日米の年功昇給状況

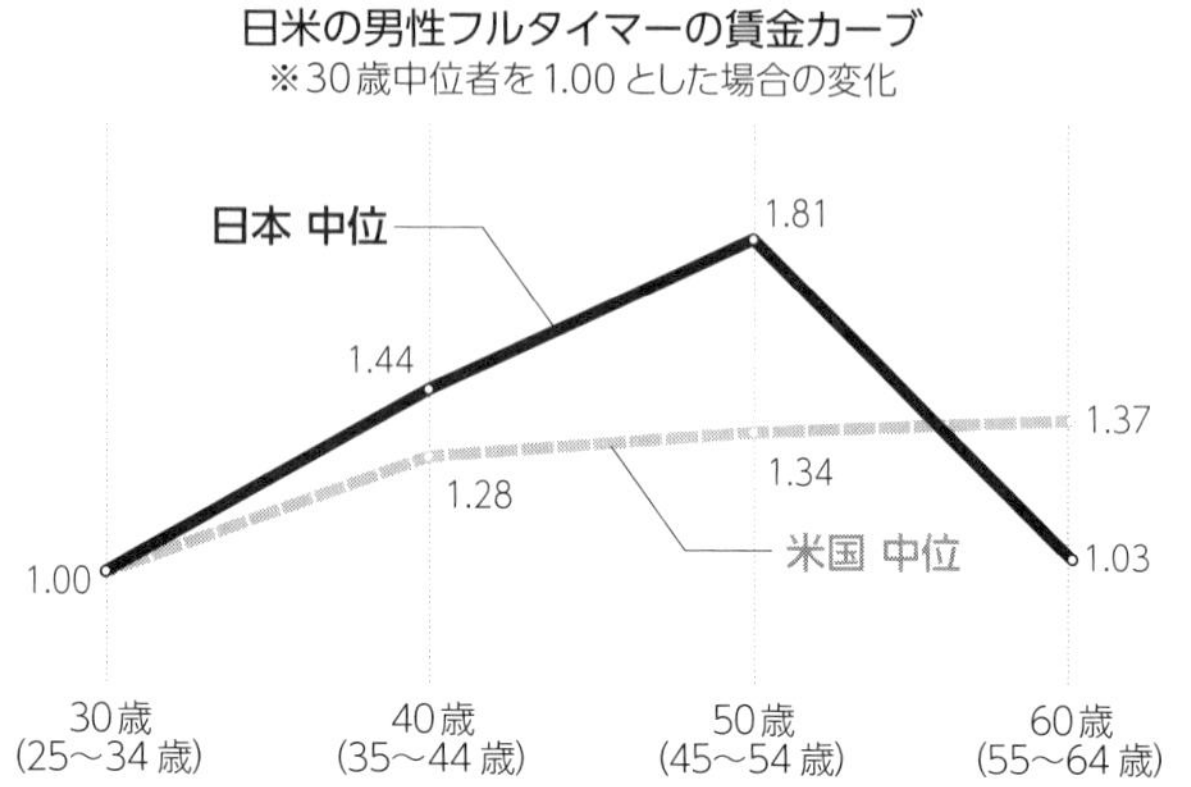

出典：日本のデータは、賃金構造基本統計調査（厚労省）2010年から、一般職員（契約社員含む）のデータを「月収×12+賞与」で指数化。アメリカのデータは、Usual Earnings (Depertmento of Labor) から、年齢別賃金分布により指数化。

雇用となるからでしょう。

一方アメリカは、25～34歳を1とした時、35～44歳は1・28と日本より伸びは小さく、さらに45～54歳には1・34と10年で0・06ポイントしか伸びません。

ただし、55～64歳では日本のように減ることはなく、現状維持以上の1・37をキープします。

つまり、「真ん中にいる人」の比較では、日本は30歳→40歳→50歳とぐんぐん給料が伸びていきますが、アメリカは30歳→40歳の伸びは日本ほどではなく、その後、ほとんど給料はアップしていません（その分、下がりもしない）。

欧米の普通の人のキャリアというものが

見えてきましたか？

「給料は上がり続ける。だから、それにふさわしい仕事ができるように、能力アップしなければならない。そのために、毎日気を抜かず、頑張るのだ！」

日本では当たり前だったそんなストイックなキャリア観は、欧米では一部のエリートだけの話。大多数は、大して頑張らず、緩く長く今のままで働き続けている。それが世界のデファクト・スタンダードなのです。

鼎談

全員一律で階段を上る日本の「異常さ」

本章では欧米社会にスポットを当ててきました。実際に、世界的企業で勤務経験のある3人にご登場いただき、日本との違いについて鼎談をしてもらいました。

〈登場者〉

牛島　仁（文中「牛」）　1972年生まれ。アメリカのローレンス大学卒業、コロンビア教育大学大学院修了。AIG、DHL、GE、資生堂、PwCで勤務し、現在は独立して、組織・人材開発支援コンサルティング会社Kalyana Mitra（カルヤナミトラ：仏教の言葉で「善友」の意味）を経営。

成田宗一郎（仮名／文中「成」）　大卒後、留学を経て国内の大手生活産業に就職。その後、米国系大手EC企業に勤務。

大成麻実（仮名／文中「大」）　大卒後、民放キー局、国内大手情報産業を経て、欧州系大手SIベンダーに勤務。

釣り銭を投げつける？　休憩時間にマリファナ！

海老原（以下「海」）　成田クンは前社で、アメリカ事業を立ち上げたことあったよね？

成　15年ほど前にサンフランシスコにブランチを出したのですが。休憩中にマリファナ吸って帰ってくる人がいて、何か匂うな、みたいな。でもそういう若者に時給15ドルとかを払うんですよ。今なら30ドルかな（笑）。それで「売上増えないから対策考えよう！」と声掛けしたら、「それ考えるのがあなたの役割でしょ？　俺は帰るよ」と、そんな感じでしたね。日本のスタッフって、やっぱり一緒に売っていこうというのがあったんですけれど、向こうの下っ端は、本当に定時に会社に来て、最低限やらなきゃいけない仕事をして、定時に帰っていくみたいな感じでした。

海　それでマネジャーとかは怒らないのかな？　牛島さん、いかがです？　牛島さんはヘッドクォーターにいたから、そこまで下っ端は見たことないかもしれませんが。

牛　現場には確かに詳しくはないですが、成田さんにアグリーできるところはありますね。私はドイツ本社にいたのですが、向こうは労働者に対して、ものすごく手厚かったり、組合が強かったり、と色々前提が違います。その上で、まず、基本的なスタンスとして、日本なら「今日できることを明日に延ばすな」と言うじゃないですか。向こうはまるで逆で、「明日できることを今日やる意味あるか」なんです。たとえばミーティング中に5時になり、まだもう1ページ作らなきゃいけない資料があってそれがないと次に進まないから、お願い！と頼んでも、

「もう帰る」と。そんなの30分あれば作れるんだけど、でも絶対作らないで帰るとかは当たり前でしたね。

海　逆に言うと、自分もそうだから、相手がそうでもお互いに許し合うわけですよね。

牛　おっしゃる通り。だから相手に過度な期待をしない。顧客対応も同じです。ドイツの接客はそれを心しておかないと。たとえばスーパーに行って、5ユーロぐらいのものを買いますよね。その時たまたま50ユーロ札しか持ってなかったので、それを渡すと、目を合わせながら舌打ちし、釣り銭を投げるように渡してくる。だから本当に最初は苦痛で。量販店で買い物し、いつまで経っても届かないとか。そういうのがあって、店で文句言っても一切謝らない。それは私の責任じゃないからコールセンターに言って、と。

海　日本は、「期待する」のがデフォルトで、それに縛られていますよね、あらゆるところで。

エリート層は、やはりよく働く

海　皆さんが勤務しているヘッドクォーターだと、さすがにそこまで手抜きはしないでしょう？

牛　でも「私の仕事は終えたから早く帰りますよ」は普通ですよね。まあやっぱり、上に行くほどハードワーク。何だかんだ言って休日も働きます。ただけっこう、そこそこのレベル、一介の部長ぐらいまでは、基本やるべきことやったら帰るっていうの、ドイツは徹底してました。

海　大成さんのいる企業も、世界的な欧州メーカーですよね。

大　私はセールス部門のHR領域をやっているので、現場とは違うと思いますが、やはり上になればなるほど、すごく働いていますね。働かないやる気がない人たちって、メンバークラスだと、けっこういますね。日本と何が違うのか考えたのですが、やっぱり職務やポストが決められているせいかな。日本って、皆の守備位置の間に落ちるポテンヒットを防ごうとか考えるでしょ？　結果、プラスαでやることがすごく増えて。

海　そこ、詳しく聞きたい。セールス部門といっても大卒で入った人たちですよね。そういう人たちでも、決められた仕事をやったら帰るの？

大　それでも、しっかり売上を上げていればエキスパートになったりできますが、売れないで、しかもさっさと帰っていたりすれば、肩叩きとかに遭います。

海　以前、牛島さんの同僚と鼎談した時、ストロングコントリビューターという種類の人の話を聞きましたよね。マイナス評価でもプラス評価でもない中くらいの査定を続けていれば、ヒラのままでも過ごせるみたいな人。それはどうなんですか？

図表⑥ GEの9BOXによる人事評価

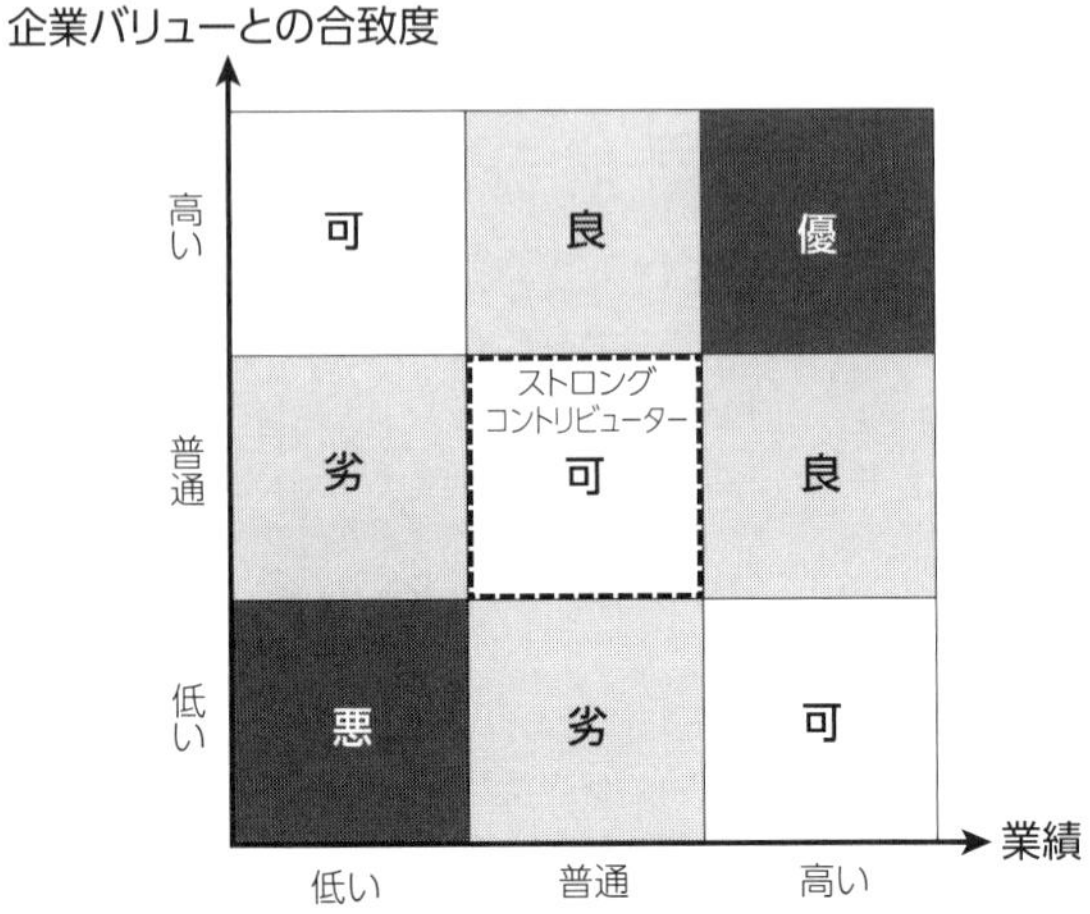

牛　その話、GEの有名な9BOXと呼ばれる2軸3段階評価法で、3×3の真ん中をストロングコントリビューターって呼んでいたんですね（図表⑥）。「真ん中」とか「標準」と呼んだらモチベーションが下がるから、そういう名前にして（笑）。ただ前提があると思っています。会社自体、成長を期していますから、同じ「真ん中」でも、時間が過ぎれば、レベルは上がっていくと。同じままなら、翌年の評価は下がってしまいます。

成　それはうちも一緒です。別に上がれとまでは言わないけれど、ただ会社が成長しているので、それに合わせていかないと、ヤバくなる。そこは全く一緒です。

業績には厳しいが、無形のプレッシャーはない

海　大体わかりました。皆いい加減というわけではなく、与えられた目標に関しては、しっかりキャッチアップしていかねばならないというプレッシャーがあるわけですね。で、そこをしっかりやれば、あとは日本のような無形のプレッシャーはないと。

牛　同調圧力のような変な重荷っていう意味では、本当に少ないと思います。日本は逆に、ビジネスに関連した、まともなプレッシャーが弱いでしょ。欧米はそこが厳しくて、ローパフォーマーが隠れにくい仕組みにはなっています。細かくタスク（最小単位の仕事）まで分けて見る。自分はシニアエキスパートという裁量度合いの大きい役職でしたが、それでも、細かく担当分けされていて、誰が何をやるか明確なんです。日本だと緩やかにお互いカバーし合ったりするじゃないですか。そういうやり方が良い面もありますよ。でもそうするとフリーライド、ただ乗りする人が出やすいのも事実ですよね。

オモテナシさえ、見える化して課金

海　でも、タスク化できない仕事が、ホワイトカラーって多いじゃないですか。そうすると日本人なら、「しょうがないな、やっとくか」となるんだけど。そこはどうしているんですか。

大　リワード（特別報酬）の制度があって、ＪＤ（職務記述書）に書いていないような仕事をした人に、お金を贈るんです。頑張っている人はリワードをすごくもらえるし、その獲得額を全社公開するんです。だから評判良い人はすぐわかる。私は入社したての頃、日本なら当たり前のことをしたのですが、それでも月30万ぐらいもらったので驚きました。

海　結局、日本では「タダ」の仕事が、向こうでは「有料」なんですね。日本語だと「サービス＝無料」となるけど、本来は「サービスしたらお金を取る」んですよね。その辺り、日本人も考え直さなければ。

昇進して短命に終わるのも、ステイして楽に長くも「自分次第」

海　欧米ってエクセレントな職場は洗練され、細かく評価されながら皆頑張るようになっている。一方で、支店ではマリファナ吸ってる人がいる。この格差が大きすぎる気がするのですが。

成　マリファナ吸ってる人たちも、上を目指したい人は真面目にやってます（笑）。でも、オペレーションを回し続ける人も一定数必要です。皆が皆、上を目指したら、ポストが足りません。毎日定時で来て決められた仕事をする人が必要で、その中の何人かが上を目指してくれればいいと思っている。現場でその仕事をずっとやる人なら、年齢は問いません。この間は62歳で正社員採用した人もいました。

海　話によると、現場で正社員になった人は出世してもここまで、そこそこできる人もここまで、ＭＢＡ取ったエリートならここまでと、グラスシーリング（ガラスの天井）があるそうで。

成　アメリカ企業なら、その壁を越えるのは歓迎で、サクセスはゼロじゃありません。でも、世界に１６０万人の社員がいるんですけど、そんな成功例は多くありませんね。まあ、上に行けば行くほど、死期が早まるという暗黙の了解もあるし。それこそ、上がった瞬間、クビになったなんて話も少なくありません。なので、「分相応なとこ」に留まろうと思うんでしょう。ここから先は危険だからやめとこうとか、ね。

大　それ、わかります。

全員一律のキャリアではなく、選択肢から自分で選ぶ

牛　多分前提として二つあって。一つは自己選択が求められる社会ですね、欧米は。常に自分で選択し、自己責任というのが根っこにある。そこから派生して、仕事やポジションや給料に

対して、人生の中で、どのくらいのプライオリティを持たせるか、についてもやはり、自己選択による自己責任だと。日本って、だいぶ変わってきたとは言いながら、まだまだ大多数が仕事を人生の中心に置いているじゃないですか。

海　そうじゃない人を認めないきらいはありますね。

牛　そう。だから自己犠牲が前提になると思うんですね。だけど欧米の人って、多様な生き方を自分で選ぶ。一生、現場職だったとしても、そこそこゆったり過ごせるし。その代わり、高くて美味しいお店に来て、美味しいお酒を飲んでというのは、もう年に1回やればいい、みたいな感じで、全部、自己選択・自己責任なんですね。

海　その辺の割り切りが日本人にも必要ですよね。今の日本は「全員階段を上る」キャリアしかなくて、中小企業の大した給料をもらえていない人まで「忙しい毎日」してますから。

大　日本企業から離れて振り返ると、ちょっと異常ですよね。

第3章

「忙しい毎日」が拡大再生産される仕組み

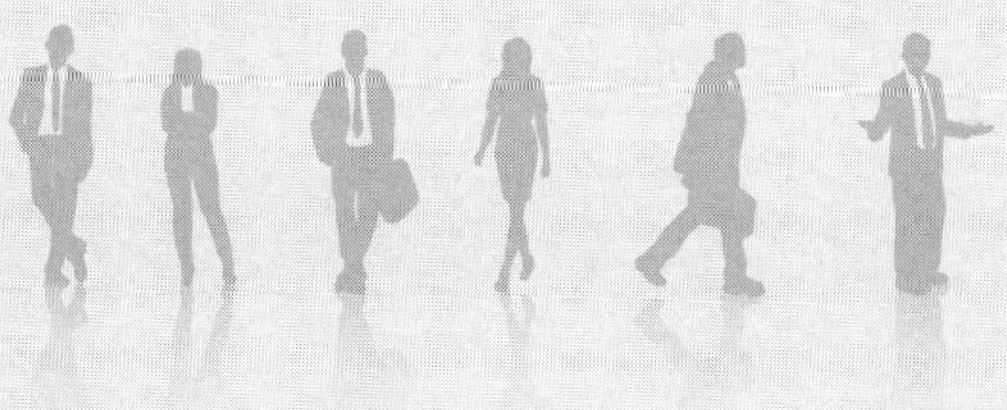

誰もが長期勤続で大きく昇給する日本

2章までで、「静かな退職」という働き方は、欧米では標準的なのだとおわかりいただけたでしょう。対して、日本では全く異なる「四六時中、顧客や上司に慮《おもんぱか》りながら長時間働く」というスタイルが染みついています。なぜ、世界的にも稀なこんな働き方が、常識となってしまったのか。今度はそこに焦点を当ててみましょう。

まず、日本人の年収カーブを図表⑦にしてみました。この中の「大企業」という折れ線は、従業員数1000人以上の企業、「中企業」は従業員数100〜999人の企業、「小企業」は従業員数10〜99人の企業を指しています。それぞれの企業において、年齢とともに平均年収がどう変わるかを、2023年の賃金構造基本統計調査（厚生労働省）をもとに、給与＋残業代などの手当と賞与を併せて算出しています。ちなみに、このデータは「雇用者」に絞っているので、社長・役員など「経営者（＝非雇用者）」は含まれていません。そのため、一部の高収入者による平均値の上振れはある程度、抑えられています。

まず、男性の大卒正社員の年収は企業規模により、大きな差が生じていることが、見て取れます。ピーク年代（50代前半）には、大企業と小企業の年収差は約330万円にもな

図表❼ 従業員数規模別年収カーブ

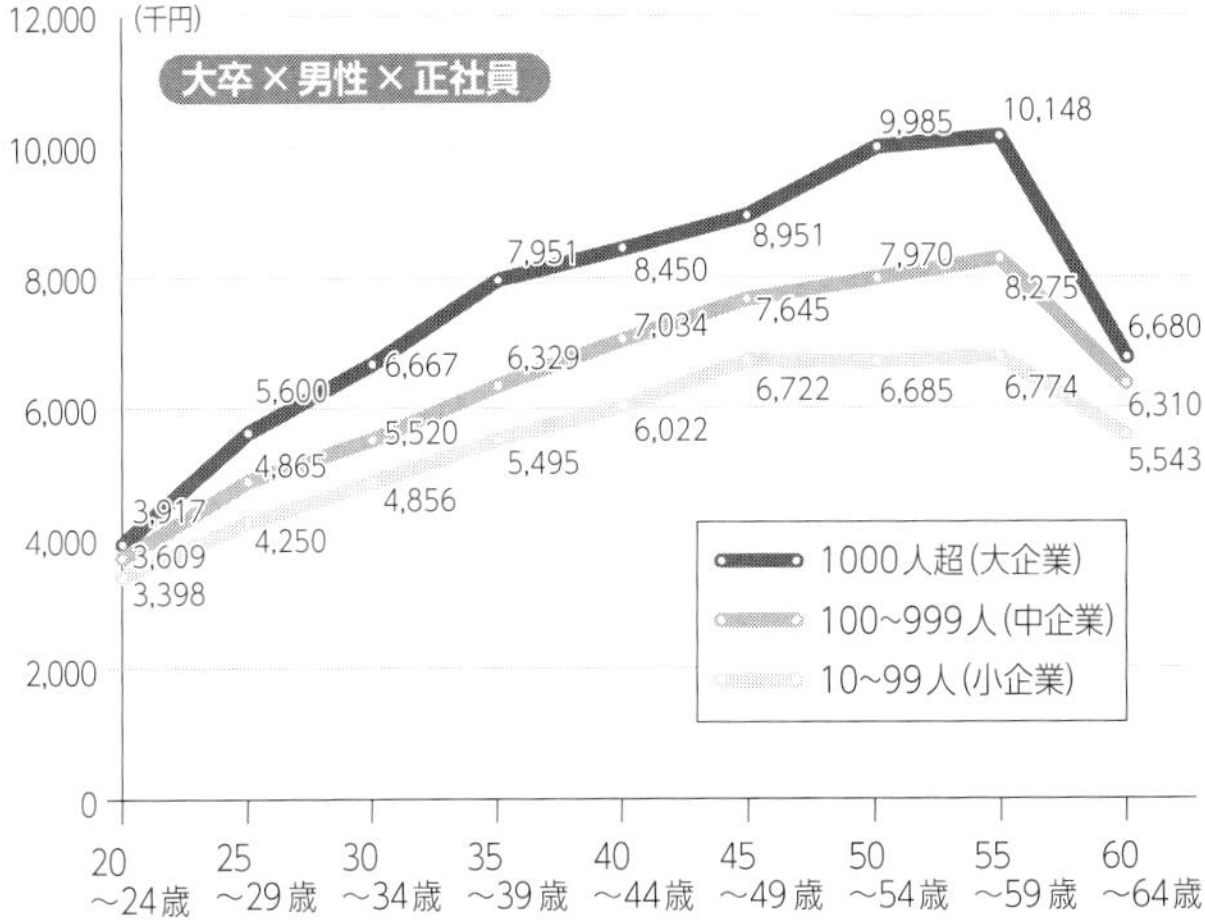

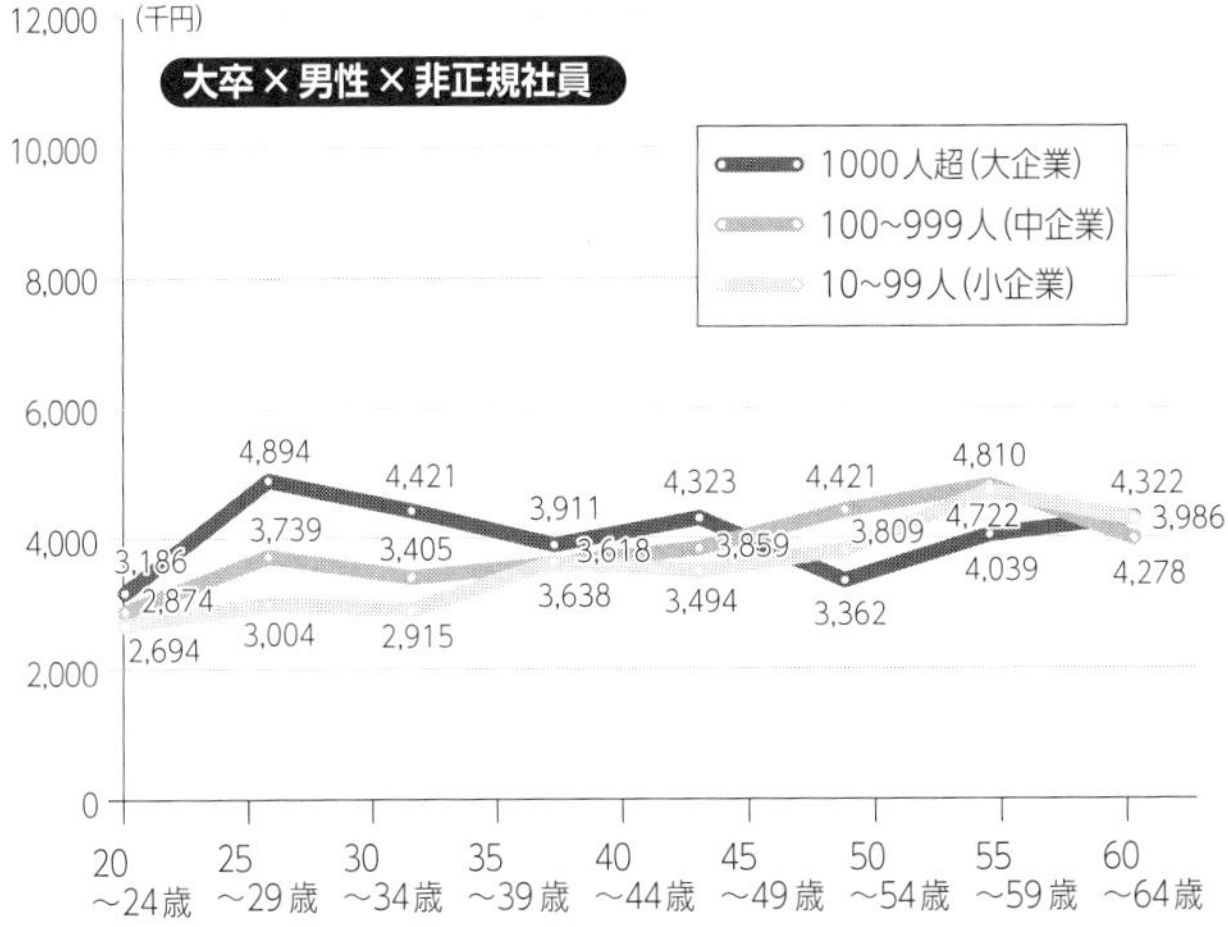

出典：2023年「賃金構造基本統計調査」厚生労働省を元に算出

っているのがわかるでしょう。

2つ目の特徴として、どの規模の企業でも、初任給とピーク年代を比べると、大幅な昇給が起きていることが挙げられます。大卒正社員だと、小企業で2倍弱、中企業だと2・2倍、大企業では2・55倍にまで伸びています。欧州の一般労働者と比べると、日本の昇給は圧倒的に大きいとわかるでしょう。

一方で、非正規労働者に目を向けると、様相は一変します。こちらの折れ線は、非正規でも大卒の男性でフルタイム労働者に限定して年収を出しました（非正規労働者の中ではかなり高給な部類の人たちです）。パートタイマーや期間限定のアルバイトとは異なり、長時間×長期間働いている人たちなのですが、彼らは欧州の一般労働者同様に、ほとんど昇給していません。しかも、その年収は最高時でも400万円台に留まります。これは、欧州の「資格労働者」さえはるかに下回るレベルです。ちなみに、欧州の資格労働者の年間労働は1500時間程度であり、日本の非正規フルタイム労働者（年間労働1900時間弱）よりもはるかに短くなっています。日本の非正規労働者は、長く働いても安い年収という極めて低い待遇だということがわかるでしょう。

ここまでをまとめると、日本では「正社員なら誰もが昇給し続ける」が、非正規だと

「低給から抜け出せない」ということになります。

日本は「ポストが無限大に発生する」仕組み

日本の正社員の年収は若年時に低く、シニアになると高くなる。だとすると、シニアの高年収には年齢以外の「理由」が必要となります。その理由として機能してきたのが職能等級制度であり、それにより「能力が高い（だから給与も高い）」となったわけです。

この職能等級というものは、実に不思議な制度です。たとえば学級委員というのは、クラスに1人と決まっています。クラスのまとめ役であり、このポストは1人です。これならば、適任者を選んでそれで終わりとなり、多くの人は、たとえ有能で人望が厚くてもなれません。これが「ポストを基本にした人事」です。

ところが、これを「学級委員にふさわしい能力がある人」という制度に変えたらどうでしょう。1つのクラスに何人でも「学級委員相応」の人が現れてしまうでしょう。そして、その「相応者」を決めるのが、選挙ではなく「先生の評価」だったらどうでしょう？

学級委員になりたい人は、先生の覚えを良くしようと必死になりますよね。

職能等級制度はこれと似ています。ポストの数は無限であり、それを、会社（上司）の評価で認定する。だから会社に尽くすようになる。

昇級するからキャリアの危機が訪れる

職能等級が上がると、その「高い」と認定された能力にふさわしい仕事が任されることになります。等級が高くとも、「課長」など目に見えるポストがない場合は、「課長相応」「スペシャリスト」として、部下の指導や課長の補佐など1つ格上の仕事が任されるようになっていく。

そうするとどうでしょう？　末端の実務からはだんだん離れていくわけです。それが、すなわち、キャリアの危機を引き起こすことにつながります。

まず、日常的にこなす実務は減る。営業なら売上活動、内勤なら事務作業という「明らかに会社に実利をもたらしている」業務が少なくなっていくでしょう。その結果、不況で仕事が減った時など、「大して実務をしていないのに、高給なシニアは要らない」という話が出る。だから日本では、シニアが真っ先にリストラの対象となるのです。

また、今の世の中、テクノロジーの進歩が速まり、法律や倫理規定なども頻繁に更新されるため、随時、新たな知識が必要となります。事務ならもちろんのこと、営業でも利用していたガジェットやツールが刷新されることはままあるでしょう。

ただ、そうした進化・変化も、日々の単位に落としてみれば、ほんの小さな業務変更であり、それが積み重なることで、気づくと仕事風景が大きく変わっています。現場で実務をこなして日々の小さな変化を乗り越えてきた人たちは、何も怖くはないのですが、実務から離れて空疎な仕事をしていた人たちは、まるでついていけず、いつしか浦島太郎になってしまいます。

そうなると、「自分はもう現場には戻れない」というプレッシャーが生まれ、会社にしがみつく気持ちが強まるのです。

それでも、首筋に冷たさを感じると、転職も視野に入れざるを得なくなり出します。そうした時に、転職エージェントを訪ねれば、「実務能力が低い」「アウトプットの割に年収が高すぎる」という厳しい評価を間違いなく受けることになるでしょう。

結果はますます会社にしがみつくことになる。これが職能等級に沿って昇級・昇給を繰り返したシニアの行く末です。

欧米ではシニアは歓迎され、若者が苦しむ

年収が「上がらない」欧米の一般労働者には、こうした「シニアのキャリア危機」は全く見られません。彼らは、年収が上がらない分、役職定年や定年再雇用などで年収が下がることもなく、安定した生活を送り続けられます。

そして、「若者と大差ない安い賃金で働いてくれて、教育投資も不要で、危なっかしいこともしないから、リスク管理も少なくて済む」ということで、欧米ではシニア労働者が優遇されているのです。こうした長期勤続者優遇を「シニオリティ（先任権）」と呼び、内規・協約などに明記している企業や国も多く、法律にして、解雇時の保護を謳《うた》っている国さえ少なくありません。

つまり、日本と真逆なのですね。

新卒未経験者など職にありつけない欧州

日本の正社員の「上がり続ける給料」という仕組みは、逆に言えば、若年者の年収を抑えられるということにもなります。そのため、日本では「安い」若年労働者を欲しがる企

業が多く、それが、新卒大量採用という、これまた世にも稀な慣行を維持させる原動力となっています。

未経験で何の熟練もない大学新卒者が歓迎されること自体、欧州では「珍しい」ことなのです。

欧州の場合だと、大学時代に授業の合間や休暇を利用して、長時間×長期間の企業実習を何回もこなしながら腕を磨き、その延長で「職を得る」のが基本となります。

図表⑧（78ページ）にその状況を示しましたが、フランスの場合、在学中（欧州の大学は3年制）の企業実習期間は平均で14カ月！　それでも職が見つからない場合は、公的職業（見習い）訓練を受けるのですが、この場合、訓練とは名ばかりで、企業に派遣されてかなり粗く「こき使われ」ながら、仕事を覚えることになります。

どちらの場合も、極めて低い賃金しかもらえません。たとえばフランスだと在学中の企業実習は最低賃金の１／３、公的職業訓練は21歳以上でも最低賃金の53％、ドイツのデュアルシステムでは最低賃金の45％となっています。

ちなみに、こうした職業訓練の期間は、独仏ともに2～3年のケースが多くなっています。最低賃金が欧州の場合、時給２０００円ほどと高いのですが、それでも、フルタイム

図表❽ 欧州の若年職業教育

企業実習（インターンシップ）

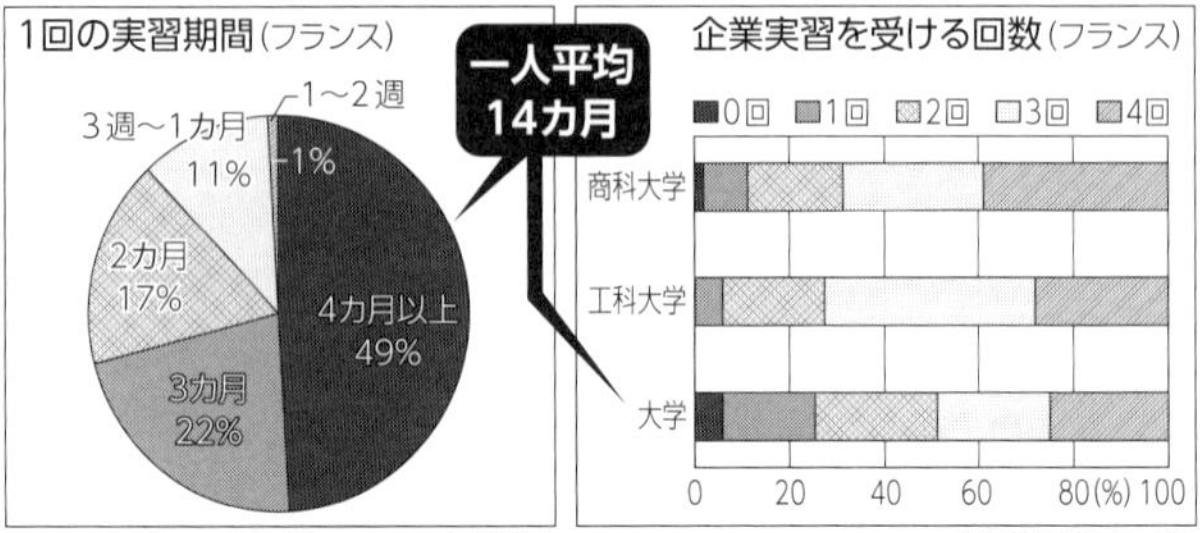

Le Journal du Management 2006年

APEC（2006年a）P9

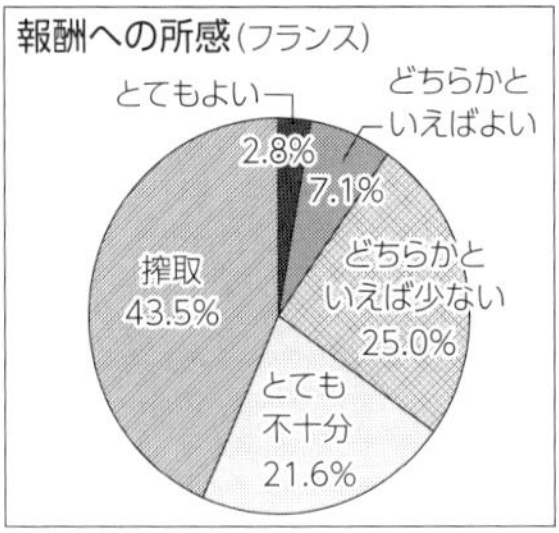

Stage Critics.com 2006年

公的見習い訓練

CFA（フランス／見習い訓練）の報酬

※最低時給に対する比率

	16~17歳	18~20歳	21歳以上
1年目	25%	41%	53%
2年目	37%	49%	61%
3年目	53%	65%	78%

ワーク（年1500時間）した場合の年収は、フランスなら160万円弱、ドイツだと135万円にしかなりません。あの物価のバカ高い欧州で、日本の初任給の半額ももらえないのです。まさに、欧州は若者に冷たいと言えるでしょう。

地獄の企業実習を経ても職にありつけない欧州

ちなみに、その過酷さがわかるような企業実習生の生の声を以下に記しておきます。

「私は、ジュネーブにある国連人権高等弁務官事務所で３カ月の研修を受け入れた。無報酬であることははっきりしていたが、研修にかかる費用は知る由もなかった。もちろん旅費、滞在費、食費、交通費など全ての費用が自己負担であった。〔中略〕ジュネーブの物価は高いため、すぐに銀行口座の残金がゼロになった。〔中略〕この研修は自分にとって有意義なものになるであろう、すぐにいい仕事が見つかるであろうと確信していた私は、研修を継続するため借金をし、継続更新をした。６カ月の研修の末、丁重に感謝された。〔中略〕現在私は失業状態で、一時的な仕事を掛け持ちしている。専門分野での経験が十分ないため、私の資格の水準に合った職は見つからない」

「私は、ＳＭＩＣ（編注：法定最低賃金）の30％分が支給される修了時研修（Ｂａｃ＋５国際貿易専攻）を終えたばかりだ。〔中略〕研修生がいなければ、その部署は機能しない。プロジェクトリーダーは、あまりにも多くの仕事を抱え、その部下も仕事で手一杯である。研修生は、従って、アシスタントとプロジェクトリーダーの仕事を引き受けることになる。５カ月の研修で、超過勤務は１００時間ぐらい溜まった。ただ６月にカウンターがゼロに戻ったから、少なくとも１５０時間は超えている。就業時間ですか？

それは、8時45分から18時30分まで。時々、19時15分になる。単純に、研修生には、労働短縮の権利や、ヴァカンスの権利がないからだ。それに、私たちは、アシスタントよりもはるかに重く、プロジェクトリーダーと同等の責任をもたされている」

「私は、正規ポストを任され、サービスの新規開発に参加していた。そこでは、従業員よりも研修生の方が多かった。しかし、職務経験を積んでおきたかった」

「うちの制作会社では、あるケーブルテレビの仕事を請け負っているが、15人の従業員に対し私たち研修生は10人いる」

※「フランスにおける企業研修（stage en entreprise）の生成と発展――フランス社会への浸透とインパクト」（110ページより）、五十畑浩平氏の論文。

ちなみにフランスの法律では、企業実習中の給料は最低賃金の1／3以上と決められているのだから、それ以上出しても良いのに、多くの企業はピッタリ1／3に留めています。その理由は、1／3を超過した瞬間に今度は法律で「社会保険料」が課されるからなのです。企業はそれを払いたくないので多くの実習生の給料は、最低賃金の1／3でぴたりと固定されています。つまり、彼らは「無保険」で14カ月も働く。日本では、あの生易しい大学生インターンシップにさえ保険を適用すべきだと、企業側と大学側が配慮を重ねています。その様子とは好対照でしょう。結果、実習期間中の労働と報酬への感想は、「搾取」と受け止める人が43・5％であり、とても不十分（21・6％）と合わせて65・1％……（前出の図表⑧参照）。

こんな状況だから、まともに就職する気が萎《な》える若者も多く、だから若年（15～24歳）失業率は、イタリアでは23・7％、フランスは17・3％、イギリスでも10・4％と日本の4・2％よりもはるかに高くなっているのです。

新卒就職が「忙しい毎日」の入り口となる

欧米の就労場面では、若者が苦しみ、シニアが楽をする。対して日本では、シニアが危機に陥るのに、何もできない若者は大歓迎される。この真逆な現実が、「給与カーブの功罪」にあるとおわかりいただけたでしょう。

さて、こんな形で、「苦労せず就職した」若者は入社後、どうなっていくのでしょう？

まず、何もできないのに、欧州よりはるかに高い初任給で雇われるわけです。そうすると、企業は新人に雑用や、担当とは関係ない仕事を気楽に頼めることになるでしょう。

「何もできないなら、これでもやっとけ」と。

当初は、そんな指示を理不尽だと感じる若者も少なくないでしょう。

ただ、板子《いたご》一枚下は超低待遇の非正規雇用が待っています。そっちにいったら終わりという焦りが生まれ、他社に就職した同級生たちを見れば、多かれ少なかれ似たような下積み労働をさせられているのを垣間見《かいま》、「ああ、これが普通なのだ」と慣れていく――こうして、世にも稀な「忙しい毎日」が当たり前になってしまうのです。

年次管理により「僅少差異の法則」が効力を発揮する

日本型のキャリアは、入り口と出口だけでなく、その途上も、実にうまく「忙しい毎日」が拡大再生産される仕組みとなっています。

前述したように、「上司から受ける能力評価」とその積み重ねで昇級が決まるため、手抜きや露骨なサボタージュはやりづらい。一方で、給料は着実に上がるから、「真新しい難題」を押し付けられても、「昇級した分、能力も上がったことになっているから」引き受けざるを得ません。

これは、欧米と比べてマネジメントが非常に容易だということにもつながるでしょう。

だから、昇級して上に立った場合、この仕組みを「素晴らしい」と思う気持ちが増していく。

そこに年次管理が加わるため、「同期の中で遅れるわけにはいかない」「後輩に抜かれたくない」という気持ちが強まります。この心理的圧迫を「僅少差異の法則」と呼びます。

たとえば、大谷翔平選手が自分の何千倍もの給与をもらっていても、手の届かない偉人だから何とも思わないでしょう。それが、同年配の隣人が３億円の宝くじに当たったら、とても妬ましい気持ちになりませんか？

日本型雇用の「年次管理」では、この僅少差異の法則が実に効果的に組み込まれています。

日本人の男性が育児休業や短時間勤務を取らない理由などもここにあるでしょう。休んでいたら同期とは差がつき、後輩にも抜かれてしまうからです。対して、昇級も昇給もない欧州の一般労働者は、全く心配なく育休や短時間勤務が選べるわけです。

いかがでしょう。上司と顧客の言うことを聞き、馬車馬のように働く。その見返りは、昇給と昇級。そして年次管理による僅少差異の法則。さらに、このレールから外れたら非正規雇用という地獄が待っているという心理的圧迫……。

結果、快く残業し、有休は取らないという「忙しい毎日」が一丁上がり、というわけです。

日本型賞与も「忙しい毎日」の保全ツール

その他にも、日本型雇用システムは、微に入《い》り細を穿《うが》つように、「忙しい毎日」を保全するツールを用意しています。

たとえば日本の正社員は、多くの企業でヒラ社員に至るまで、けっこうな額の賞与が支給されています。それも、等級が上がればその配分は増え、また、各期の査定によっても変動する。実は、欧米だと、業績連動で支給されるボーナスは、役職が上がれば上がるほど大きくなりますが、ヒラ社員には日本に類するような賞与システムはありません。欧米のヒラ社員の場合、全く賞与がない企業もまま見られ、支給する場合でも、「13カ月目の給料」などという名目で、クリスマス時期に「固定で1カ月分」支払うケースが大半です。

本人の成績による賞与がある場合は、「皆勤なら○万円、欠勤が多ければ△万円」などという勤務状況による増減であり、会社の業績が反映されて増減が決まるわけではありません。

日本ではヒラ社員でも、全社収益のおこぼれに与《あずか》るというインセンティブが、また会社への奉仕を強めます。と同時にこの仕組みは、残業割り増し規定と相まって、長時間労働を促す仕組みにもなっているのです。そのことについては、次項で説明することにしましょう。

二重の意味で日本の残業代は安い

残業をすると、定時内で働く場合よりも、高い賃金をもらえます。

この仕組みは、大恐慌時代（1930年代）のアメリカで生まれ、同国の公正労働基準法に規定されたことに始まります。この時、制度導入の主旨として掲げられたのが、「雇用機会の増加、失業者の抑制」。残業させても定時と同じ賃金であれば、企業は多くの人を雇わず、少数の人に長時間労働をさせるでしょう。対して、残業時の賃金が法的に高く設定されれば、企業は1人に残業させず、より多くの人を雇うようになります。それが、法制定の主旨だったわけです。そのため、多くの国では、残業代が法律や労使協定により、40～50％程度に設定されています。

日本はそれが25％と低率であり、しかも、その少ない割り増し賃金さえ払わずサービス残業をさせる企業が多かったから、労働時間が少しも減りませんでした。近年、ブラック企業という言葉が広まり、こうした風潮に対して世論が厳しくなりました。その煽《あお》りも受けて2019年には約70年ぶりに労働基準法が大幅改正され、長時間残業やサービス残業を取り締まる機運が高まりました。

ただ、日本にはもう一つ、残業を促す仕組みがあるのです。それが、前述した賞与制度――。

日本の場合、欧米に比べてヒラ社員でも賞与が多いと書きました。とすると、欧米と日本で同じ年収だった場合でも、賞与を除いた月給部分は、日本がかなり低く抑えられるのです。残業時の賃金は、この低く設定された月給をもとに割り増しを行うため、欧米に比べてその額が抑制される。だから日本では、企業があまり残業を抑える気にならないともいわれるのです。

日本型の強固なシステムは、長年その外壁さえも揺るがなかった

いかがでしょう。

日本型労働とは至る所に仕掛けを施した、水をも漏らさぬシステムなのだと、改めて認

識いただけましたか？

そのうちの、ほんの小さな一部分を論《あげつら》って、「ここさえ直せば、一気に綻《ほころ》ぶ」というような話がよくなされます。たとえば、退職金の優遇税制を廃止すれば長期勤続は少なくなるとか、残業割り増し率を引き上げれば……、配偶者控除を無くせば……といった話は枚挙にいとまがありません。訳知り顔の識者がこうした一点突破型の政策を提言するのですが、それでは日本型労働の強固なシステムの外壁さえも揺るがないというのが、つい最近までの現実でしょう。

実は、こんな「忙しい毎日」についていけないという声は、古くからそれなりにあったのです。今のように「過半数」とまではいきませんが、たとえば日本生産性本部が毎年行っている新社会人向けアンケートで、「役職に就きたくない」「役職などどうでもいい」という人の割合は、１９８５年で25％、１９９５年でも22％です。さらに「係長まで」「主任・班長まで」を加えて非管理職に留まる志向を持つ人は１９８５年で33％、１９９５年は30％となります。今から30～40年前でも、この数字です。

ところが就職後の現実は、日本型労働のコンベアに載って唯々諾々《いいだくだく》と働かざるを得ませんでした。結果、この精密なシステムに牛耳られ、結局、「忙しい毎日」を是とする大人になっていったのです。

ところが、昨今では本当にプライベートを重視して仕事を抑える「静かな退職者」が増えてきました。そして、かつてなら「甘い」と叱責された「静かな退職」志向者が、現在は少しずつ市民権を得ています。振り返れば、2010年前後でさえ、緩い働き方を志向する若者はダウンシフターなどと揶揄されていました。ところが現在の「静かな退職者」という言葉には、そこまでのマイナスが感じられません。

どうしてこんな変化が起きたのか。

鉄壁だった日本型労働の防御網は、どこからどう崩れたのでしょう。

次章でそれを解き明かすことにします。

第4章

「忙しい毎日」を崩した伏兵

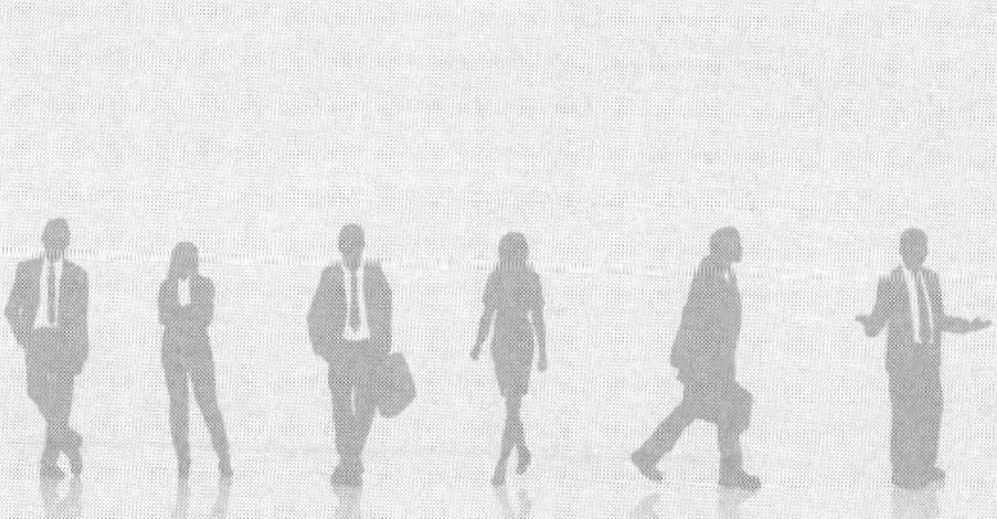

ほんのここ数年、異常な速さで職場が変わっている

私は40年にわたって雇用をウォッチしてきた人間です。その間、「日本は大きく変わった」と何度も言われました。ただ、そんな毎度の枕詞《まくらことば》ではなく、ここ5～10年、日本の社会は明らかに、それ以前と不連続なほどに大きく変わっています。

例としてすぐに思い浮かぶのは、セクハラ、パワハラでしょう。10年前まではごく普通に見られた差別発言・問題行動が、今では厳しく問われています。

たとえば、2021年2月には、元首相であり、東京五輪・パラリンピック組織委員会会長でもあった森喜朗《よしろう》氏の「女性がたくさん入っている理事会の会議は時間がかかる」発言が炎上し、辞任に追い込まれました。でもかつて森氏は、新幹線の栗東《りっとう》駅新設に反対する滋賀県の嘉田《かだ》由紀子知事（当時）に対して、「女の人だなぁ、視野が狭い」と発言したことがあります。この一件があった2007年当時も、それはニュースにはなりましたが、氏が公職を追われることなどありませんでした。

2016年の都知事選時には、増田寛也《ひろや》候補の応援に入った石原慎太郎氏が、対抗馬の小池百合子候補のことを「大年増の厚化粧だ」と揶揄しています。今ならとてもタダでは

済まないでしょう。これがわずか9年前のこと。

昨今使われる「女性活躍」という言葉も、2010年代前半までは「女性活用」でした。活用って物や動物じゃあるまいし、女性たちから見れば、なんと「上から目線」な言葉でしょうか。

一方で、家庭と仕事のバランスも大きく変化しています。その昔は、子どもの卒業式に会社を休んで出席することなど許されませんでしたが、今ではごく普通の光景になっています。授業参観も、かつては会社が休みの土日にするのが当たり前でしたが、昨今では平日に自由参観できたり、保育園では給食を一緒に食べる保育参観に父親が顔を出すようになりました。

平成初期までは、有給休暇などは「神棚に飾っておくものだ」などと言われていたのですから、まさに隔世《かくせい》の感があるでしょう。こうした変化が「静かな退職」を認知する土壌形成に資したと私は考えています。

なぜ、ここまで社会は急に変わったのでしょう。

その理由として、世界的に起きたアンチセクハラ・性的被害運動である「#MeToo」や、コロナ禍《か》でのリモート勤務普及による勤務場所の自由化を挙げる人は多いと思います。確かにその通りではあるのですが、これらだけでは、「有休を取って保育園の給食に参加する」ことまでは許されなかったでしょう。

女性の社会進出が「忙しい毎日」を揺るがし始めた

なぜ、近年、会社の縛りは弱まったのか？

そこに実は、女性の社会進出があるのです。

元来、日本の会社の主要な職務は男性が占め、女性は独身時代にアシスタント職として勤務するのが関の山でした。代わりに女性は、性別役割分担という名のもと、家事・育児全般をワンオペで引き受けることとなります。

当然、子どもに関する行事はほぼ全て「奥さん」担当となり、そこに男性が立ち入ることはありません。こういう分業体制の中で、男性は「24時間戦えますか」を為《な》しえたわけです。この時代であれば、「卒業式」も「保育園の給食参観」も女性の仕事であり、男子たるもの、有給休暇を取ってそれに出席するなどもってのの外でした。

総合職女性という変数は2000年頃から増え始めた

バブル期までは、「女性は一般職として企業に腰掛け勤務し、結婚したら退職」という常識が世にはびこりました。当時、女性は、「24、25なら引く手あまただが、それを過ぎたら売れ残り」という意味で、クリスマスケーキなどと酷い言葉で呼ばれたものです。こうした風潮のおかげで、一般職の女性は結婚退職の欠員が多く、そのため、新卒求人が多数ありました。短大卒だとこうした求人に適するため、女子高生に対して親や先生は、「4大（4年制大学）行かずに短大行け」「4大行ったら就職ないよ」などと指導したものです。

ところが、バブル崩壊で経営が苦しくなると、企業は真っ先に一般職の新規採用を止めることになります。女性の一般職は早期に結婚退職するから、採用を止めると即減員できるからですね。その結果、今度は「短大行ったら就職ないよ」という状態となり、代わって1990年代前半から女性の4年制大学進学率が高まっていきます。そして、1996年に短大と4大の進学率が逆転。彼女らが卒業する2000年頃から、大卒女性がグンと増え始めました（94ページ、図表⑨）。

この頃になると、早慶・旧帝大などの上位大学でも女性の卒業生が幅を利かせ始めます。

図表⑨ 女性の大学・短大進学状況と就職率

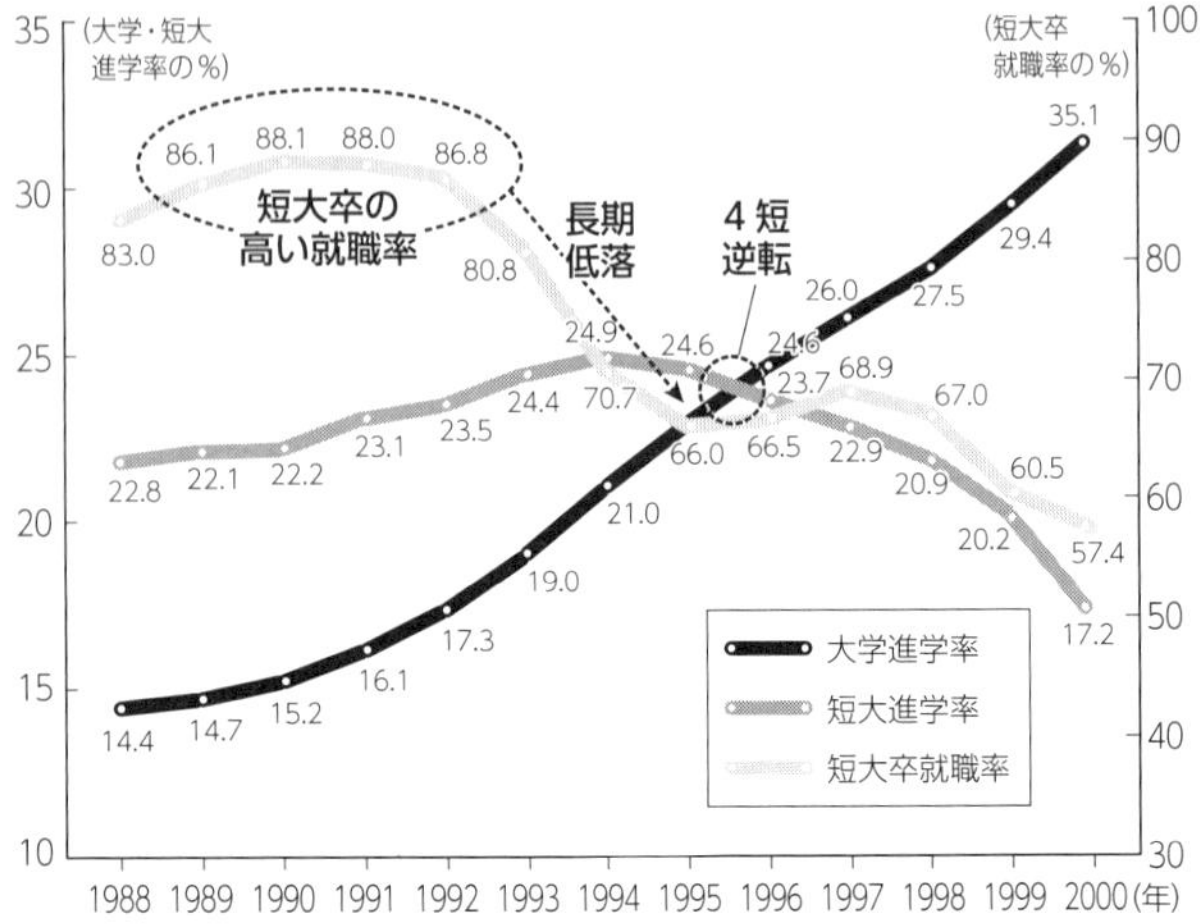

▶▶総合職採用の前提である4年生大学卒の女性は増加

出典：文部科学省「学校基本調査」

企業としては悩みどころですね。総合職の採用で、大学レベルにこだわるなら女性を避けては通れません。逆に男性主流で通して大学ランクを下げるか……。こんな究極の選択を迫られ、折衷案として、「男性多めだが、できる女性は精鋭採用をする」というのが一般化します。入社後は、下駄を履かせて採った男性と、精鋭の女性では、必然的に評価は後者が良くて当たり前。そこで、女性を増やすべき、という声が強まる……。

こんな感じで、2000年頃より、「大卒総合職の女性」という変数が、企業内の日本型男社会に入り込み始めます。

ただし、企業は何の準備もなくいきなりこの変数を取り込んだために、当初は社内の各所で軋轢が生じました。そして、圧倒的多数の男性に囲まれて、女性の声はもみ消され、「忙しい毎日」はまだまだ保たれることになります。

女子のキャリアは4R↓肉食系女子↓一般化

当初、企業が女性を迎えるために取ったフォーメーションは、俗に4Rなどと呼ばれる「内勤への集中配属」でした。人事（HR・）、財務（IR・）、広報（PR・）、顧客対応（CR・）といった4部署が女性の受け皿となり、そこだけが別世界となっていくのです。この4Rではじきに、総合職の男女数が逆転する会社まで出現しました。そして、2010年頃には「もう内勤管理部門では女性を受け入れられない」という企業が多数現れます。

そこで次に企業が力を入れたのが「肉食系女子採用」でした。運動部などの上《じょう》意《い》下《か》達《たつ》型の組織に長く籍を置き、パワハラにも耐えられ、体力も万全な女性を積極採用したのです。それは、男社会への親和性が高い女性を現場職（営業や生産管理など）に取り込むという、「忙しい毎日」の一種の延命策ともいえたでしょう。ただ、肉食系女子は人数が限られるため、この手法を各社が取るようになると、途端に候補者が足りなくなります。そこで、早期に採用した肉食系女子に、普通の後輩女性を指導させるという「女性to女性」で、現場での女性社員増を軟着陸させていきます。

こんな弥縫《びほう》策の連続で女性社員増が起きたのは確かなのですが、2010年代に入ると、「本気で女性活躍」を考える企業も現れました。世界に冠たる某メーカーでは、この頃に「30代女性の積極採用」を掲げ、3桁に迫るほどの大量中途採用を複数年にわたり行ったりもしています。「バリバリ」なキャリアウーマンが、落下傘方式で各所に配置されると、彼女たちはそれまで気づかなかった「男社会型の無理・無駄」を指摘し始めます。それをテコに社内を変えようという魂胆でした。このような流れで形を変えながら企業への女性進出が、ジワジワと速度を増していったのです。

女性が増えて10年経った頃、企業は葛藤し始める

さて、多くの女性が男社会に放り込まれれば、多勢に無勢で彼女らの声はかき消されてしまう、と書きました。確かに当初はその通りだったでしょう。当時の男性社員は、部内の「女性」に対して腫れ物に触るような対応をしていたり、もしくは真逆で、威圧的に命

令したりといった状態であり、女性たちも独身のうちは（ある程度、配慮を受けながらも）男性同様、「忙しい毎日」を送ることができました。結婚しても子どもがいない間は、独身時代の延長で、このワークスタイルは続けられるので、この頃から「寿退社《ことぶき》」も減っていきます。

ところが、出産は大きな壁となりました。

当時すでに育休制度は整っていましたが、まだ出産適齢女性が少なかったから、それを取った先輩たちは少数派です。逆に言えば、その程度の少数だから、職場への影響も少なかったと言えるでしょう。

ところが、２０１０年代には、増えてきた総合職女性の出産ラッシュが始まります。企業はここで、今までとは全く次元の異なるショックを受けるわけです。

女性が一般職としてアシスタント業務に従事していた時代なら、短期間で入れ替わっても、新人がすぐに代替できるので、会社はそれほど困ることはありません。

それが、10年近い習熟を経て、難易度の高い仕事に就いている総合職だと、すぐにはその代用者が見つからないのです。当初は「出産退職」を止めなかった会社も、多数が同時に辞めるとなると、事業が成り立たなくなるという危惧を抱き、本腰を入れて対策に取り組み始めます。ただ、不慣れなために、ここで大きな瑕疵《かし》を生じさせてしまいました。

2010年代前半に反動が起きた理由

当時、企業は育児女性向けに短時間勤務制度を導入するのですが、これが、ずいぶんと粗い内容だったのです。営業や企画、人事、経理などでバリバリ働いていた女性でも、その復職先は、コールセンターや事務処理などのバックヤード業務が主。会社としては「短時間で帰れるように」と慮《おもんぱか》ったつもりなのですが、復職した女性からすると、「慣れていない仕事」であり、しかも「自分が求めるやりがいとは異なる」と納得がいきません。そうした中で、事情を知らない若い社員から、「オバサン！　営業の仕事わかってないなぁ」などと言われ、心を痛める人が多々現れるのです。

一方、周囲もそうした短時間勤務者には慣れていません。

復職した女性は、16時になると帰ってしまいます。周囲ではその「特別待遇」が鼻につくでしょう。聞けば、基本給も一般職の自分たちよりも高いという。さらに、「子どもが発熱」すれば早退し、「保育園の行事」といえば休む……。はた迷惑だ、という声が漏れ始めます。そうした冷たい視線を浴びることに限界を感じ、退職を選ぶママさん社員が後

図表⑩ 日本型雇用における女性キャリア4類型

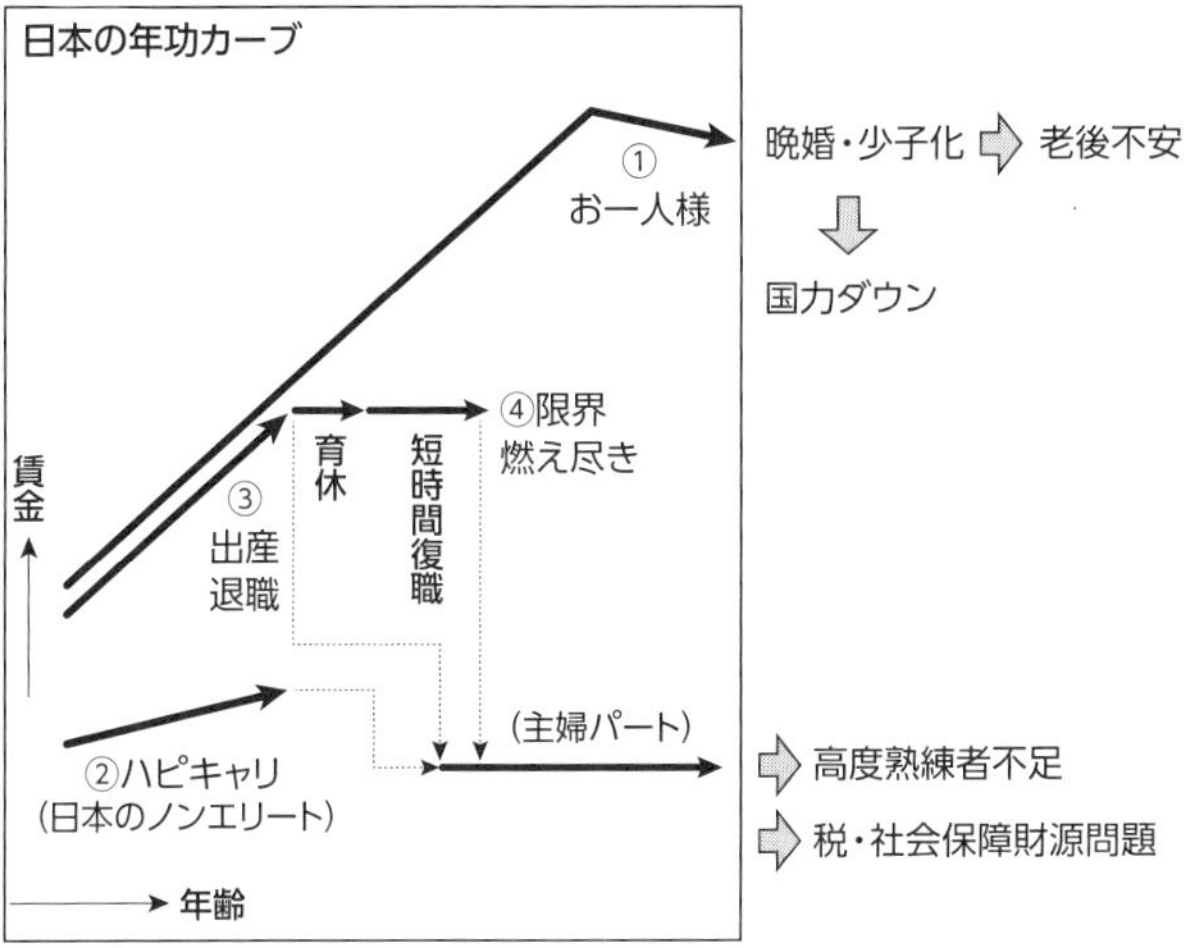

を絶ちませんでした。

「忙しい毎日」は女性に4つの選択肢を強いた

私が2012年に上梓《じょうし》した『女子のキャリア～〈男社会〉のしくみ、教えます～』（筑摩書房）の中では、その頃の女性のキャリアを図表⑩のように4分類しています。

①結婚せず、男性同様に忙しい毎日を送る「お一人様＆DINKs（子どもを持たない共働き）コース」

②かつてのOLモデルのまま、事務職として結婚まで働く「ハピキャリコース」

③出産まで猛烈に働き、男性以上の成績を残して出産退職する「逃げ切りコース」
④出産→育休→復職を経てボロボロになって辞める「限界燃え尽きコース」
子どもがいない①を除くと、出産女性はいずれも、キャリアを全うできないという宿命がありました。

その原因を突き詰めれば、「全員が階段を上る」仕組みのため、途中で休めば、階段から脱落してしまうことがあったでしょう。そのため、男性である夫は、この階段から下りる決断ができません。当時だとベビーシッターやハウスキーパーなどに家事・育児を任せることにも、周囲から批判が多々ありました（たとえば「子どもがかわいそうじゃない？」「よく他人に子どもを任せられるね？」など）。

結局、階段を下りる自主的決断が、女性である妻に委ねられることになります。

そうすると今度は夫が、妻から「私は家庭のためにキャリアを犠牲にしたのだから、あなたは、きちんと階段を上りなさい」というプレッシャーを受けることになる。

2010年代の前半は、こんな八方破れな状態が続き、「女性の社会進出」が危ぶまれもしました。そして、性別役割分担への反動が起きています。その様子は、図表⑪に示す通り、男女共同参画に関する世論調査（内閣府）のアンケートで、この時期だけ、性別役

図表⑪ 性別役割分担に賛成か？ 反対か？

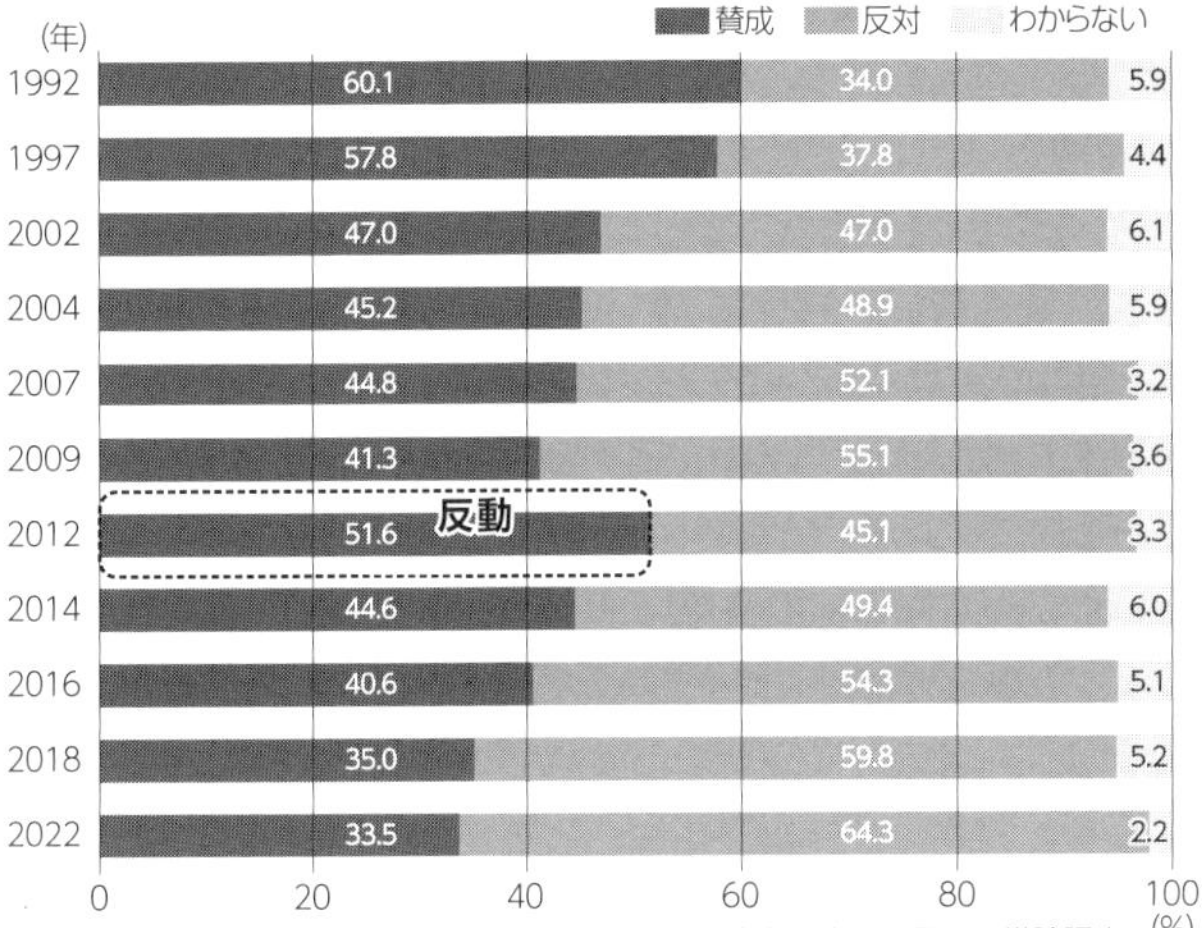

出典：男女共同参画に関する世論調査

割分担賛成派が増えていることからも見て取れるでしょう。

本気で女性活躍を考えねば経営が成り立たなくなった２０１０年代後半

さて、こうした女性の社会進出が「苦《く》悶《もん》する時期」を経て、２０１０年代半ばからは、いよいよ本格的に風向きが変わり始めます。

企業は、手塩にかけた総合職女性を出産で手放す現状に我慢がならなくなったのでしょう。とりわけ大手優良企業は、人材流出が基本的に定年退職だけで、長い期間をかけて育成投資を回収できる体制が整っていたのですから、バリバリ女性が予期せぬ退職をすることには危機感が募ったはずです。

折しも、出生数の急減が騒がれ、一方で当時の安倍政権が女性活躍を積極的に推進し、大企業に「女性役員」を努力義務化するといった、周囲からの圧力が強まった時期でもありました。

こうした流れの中で、出産した女性が長く働けるよう、元の職場・元の仕事に戻し、業務量だけ減らす、という制度が広まり始めます。さらには、その減らした業務量の中で、しっかりパフォーマンスを上げれば、査定さえも通常通りに行い、昇進昇格評価の蓄積点に加えるという企業さえ出てきました。

こうして、2010年代半ばから、「女性がキャリアを途切らせずに長く働ける」会社が増えていきます。図表⑫は女性の労働状況を雇用形態別に示したものです。正社員として働く女性数は、長らく1000万人強で推移していました。いくら新卒で女性社員を採用しても、出産退職者が後を絶たないために、増加分が打ち消され、総数が停滞していたのです。

ところが、女性の正社員数は、2014年以降、海老《えび》反《ぞ》るようにグングン増え始め、それはコロナ禍の景況不安期さえも「何するものぞ」と順増し続けます。

図表⑫ 女性の正社員は順増、非正規は減少傾向

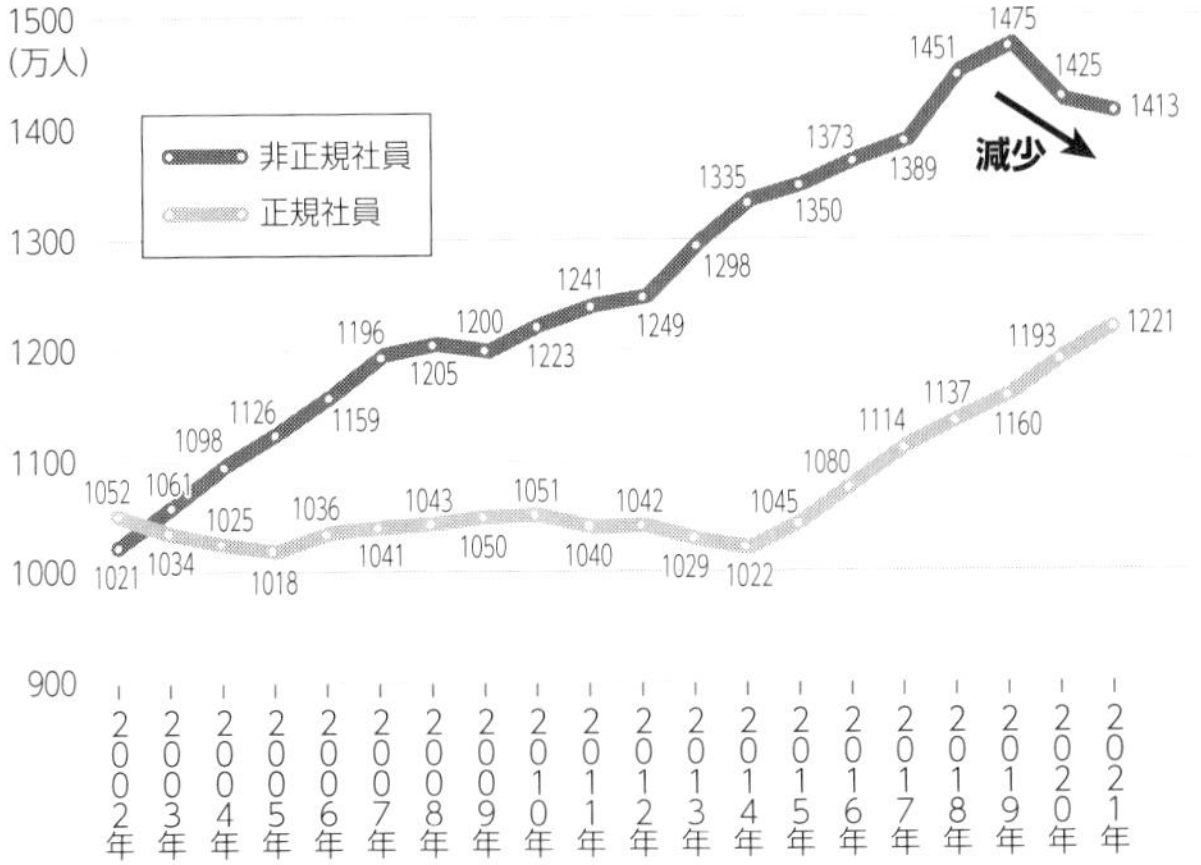

出典：労働力調査（詳細集計）（総務省）

一方、長らく女性の労働の大半を占めていた「非正規社員」は、2019年をピークに減少に転じました。女性の正規雇用数は、2024年上半期（1～6月の平均値）において1241万人となり、2003年以来21年ぶりに非正規雇用数を上回りました。育休制度が整備され、出産後も働きやすくなったことが挙げられます。

ようやく「忙しい毎日」に異分子が市民権を得た

結果、少なくとも育児女性に関しては、「忙しい毎日」型の労働からは脱し、短時間で会社から帰る権利が確保されました。

彼女らはもちろん、社内行事への不参加も

許され、上司や顧客からの飲み会の誘いもスルーできることになります。不意の早退や有休も当然、許されてしかるべきでしょう。

明らかに過去の日本企業とは相容《あいい》れない類の社員が、会社に一定数存在することが、当たり前になりました。

加えて直近になれば、イクメン・カジメンの奨励まで起き、ここにコロナ禍が重なったことで、リモートワークさえも浸透していきます。

中からも外からも、「働き方が変わらざるを得ない」ような圧力・エポック・事情が集中砲火的に重なったことにより、日本人の常識が大きく揺らいだ――だから、「静かな退職」が市民権を獲得し始めたと言えるでしょう。

この先、2030年までの間に、マクロ的には人口構造問題が、社内的には人材活用問題が頭をもたげ、過去の働き方はさらに窮地へと追いやられそうです。その話は、5章、6章でまた詳しく書くことにしましょう。

とにもかくにも、「静かな退職」という働き方は、今後、ブームになっていくと私は考えています。

第5章

「静かな退職」を全うするための仕事術

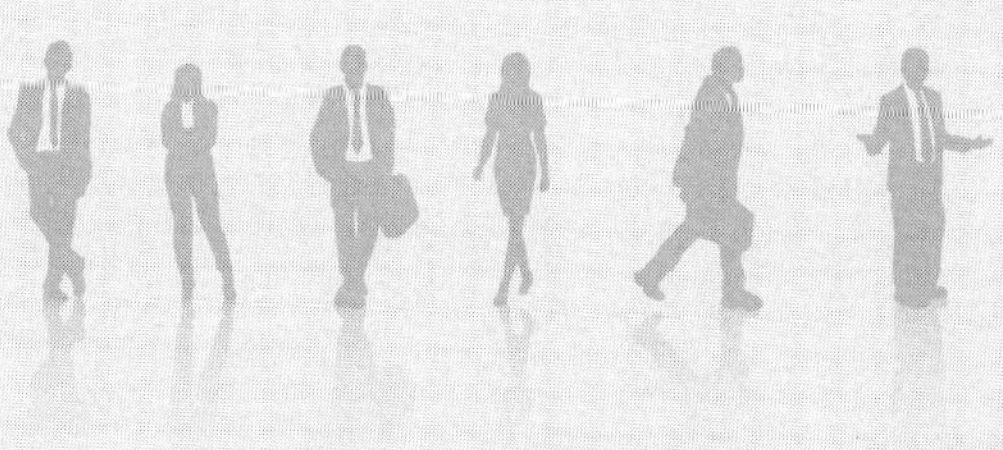

「静かな退職者」とて重いお荷物であってはならない

「静かな退職」とは世界の標準的な働き方で、それがなぜ日本ではマイナーだったのか、そして、昨今どうしてそれが認められ始めたのか、を前章までで解説しました。

いよいよここからは、「静かな退職」を成功させるためのノウハウを考えていくことにします。

「静かな退職者」が、社の業績の足を引っ張るのであれば、長い目で見れば、よほど余裕があり、しかも管理が甘い組織でもない限り、そうした類の労働者は疎《うと》んじられ、やがて排除されていくことになるのは、言うまでもありません。

だから、「静かな退職者」とて、組織にとってあまりにも重いお荷物であってはならないのはまず大前提となります。

では、私生活を優先しながら、組織にとって厄介者にならないためにはどうすればいいか。その基本となるのは、「あなたにとって、持ち出しが少ないにもかかわらず、最大限のパフォーマンスを残せる行動をする」ことです。

この基準を大原則として、あなたの組織内での働き方を再考してみましょう。

その際、重要になるのは心証です。同じ業績・成果を残しているのに、心証で損をすることは大きなマイナスに他なりません。ただし、心証点を稼ぐために、意味のない付き合いに参加したり、顧客の無茶な要望（たとえば棚卸しを手伝え！とか）に付き合ったりするのでは、「静かな退職」とは言えません。そうした手のかかることは一切せずに、心証点を上げる方法を考えていくことにしましょう。

マナーが良ければ、たいていのことは許される

まず第一に気を付けるのは「身なり」「言葉遣い」「マナー」。

同じ業績でも、日常の態度が悪いと、明らかに「ダメな奴」「評判が悪い」という烙印《らくいん》を押されてしまいます。会議でも、言っている内容は良いのに、言葉遣い一つで、「あいつはダメだ」となってしまうのです。

仮にもし、リストラが取り沙汰された場合、低業績者はもちろんですが、心証の悪い人も、厄介払い的にその対象に含まれやすいことは間違いありません。

逆に言うと、マナーさえ一流であれば、話の中身に意義があるかどうかなど、多くの場合、あまり問題視されないのです。ここに気づいてください。

そして、マナーなどはひとたび身につけてしまえば、何の負荷にもならないのです。つまりあなたの「持ち出し」はほぼないのに、確実に心証点を稼ぐことができるでしょう。

「反論するエネルギー」ほど無駄なことはない

負荷が少なく心証点稼ぎをするためには、「反論をしない」という鉄則も心してください。媚《こび》を売るのは疲れるし、そもそもそういうことが嫌いな人も多いから、そんなことは端《はな》からしなくてかまいません。ただ単に、誰の話でも原則、ノーと言わないだけのこと。

反論するには、根拠を用意しなければならず、けっこう疲れます。その上、相手はおおむね不愉快に感じ、心証点が下がる。労多くして功少なし、でしょう。

ただし、一つだけ例外を設けておきます。

それは、「自分の業務が増えるような場合」のみ、上手に反論をすること。余計な仕事の話が湧き起こった時は、それこそ頭をフル回転させて、以下の構文に当てはめ、反論をしてみましょう。きっと心証は良く保たれます。

「賛成します。ただ、○○のところだけが気になります」

これでひとまず時間を稼ぎ、その間に相手を見ながら「私だと、△△の部分で無理が出ます。せっかくいい案なのだから、もったいない気がしますねぇ」と結ぶ。この時、「私よりも××さんが向いている」という話は厳禁です。そこで名前を出した人はあなたに対して必ず悪い心証を持ちますから。ただ単に、私ではもったいないから、他を当たってほしいと伝えるに留めます。結果、上司は一旦引き下がり、周囲へ仕事の打診をすることになるでしょう。

その後に、「それでも君にやってほしい」と言われた場合はどうするか。

ここは潔《いさぎよ》く請け負いましょう。その前の段階で、上司からの要望を受け入れる同僚も多いだろうから、本来来るべきだった仕事は半分以下に減っているでしょう。

そして、自分がそれをやらなければならなくなった時は、実に快く請け負い、そこでも心証点を稼ぐべきです。

最後に残ったピースを自分が請け負って、仕事は完遂できたこと。そして、上司の悩みの種も解消できたこと。こうした点をしっかり理解してもらい、自らの存在感を大いに高めることにしましょう。

明日のための投資より、今日の心証点稼ぎ

心証点稼ぎで重要なのは、「空き時間」の有効活用です。本当に業務がスカスカな時間帯があれば、そこで心証点を稼ぐ行為をどんどん行いましょう。たとえば電話取りなどがそれにあたります。これは、年齢や役職が上がるほど、「そんなこと自分がやれるか！」となりがちですが、そんなプライドは捨ててください。暇ならやればいい。

暇な時間が発生した場合、多くの人は、「明日の糧《かて》になるような」仕込みを行います。それも一理あるでしょう。ただその際、「効果があるかどうかわからないこと」でも、一か八《ばち》かでやる人が多いのです。「そんなことをやっても売上につながるか」「そんな知識を勉強したって、実務に生かせるか」わからないのに、何かあった時のためにと、暇な時間をそれらに費やすのです。

それよりも、電話取り一つで心証点は確実に上がります。そして、一朝《いっちょう》事あった時は、こうして稼いだ心証点が、あなたの身を救うことにもなります。

やらなくて良いことは潔くやめる

続いて、「本当に効果があるのかどうかわからないけど、やっておくべきだ」というような意味のない常識を全て排除すること。そのためには、「これって、本当に業績アップにつながるか」と考える癖もつけてください。

たとえば、「近くに来たので寄りました」という営業行為――全くやらなくても売上は1％も減らないでしょう。

業界の集まり、とりわけ業務に関係ない懇親会も、全て欠席で良いはずです。

年賀状も業務時間外にたいそう丁寧に書いている人がよくいますが、これで業績が上がるとも思えません。とりわけ、相手がお偉いさんになれば、多くの賀状をもらうのだから、いちいち「君から来てないよ」とチェックされることもありません。

メールを書く時にも、挨拶用語を短く書いたら、あとは用件を書くだけにする。前回訪問の御礼や近況報告などしても、やはり売上につながることはありません。

顧客へのやたらと親切な説明なども不要。相手は迷惑がっていることも多いし、わからなければ質問してきます。その質問にきちんと答える方が、よほど相手にとってためになるのです。

プラスを重ねるよりもマイナスの排除を

今、目の前に「ひょっとするとこれをやれば業績が上がるかもしれない」という仕事と、「ひょっとするとこれをやらないと、相手が怒る（自分の立場が悪くなる）」という仕事――2つがあった場合、あなたはどうしますか？

要は、どちらも低い確率で成果の芽とリスクの芽が並んだ場合ですね。

両方ともやらなくて済むならそれが一番ですが、余裕があるのであれば、私は「リスクの芽を摘み取る」方に力を注ぐことを推します。「大きな成果を残せる可能性」は、好業績を狙う人がやればいいのです。静かな退職者は、静かな毎日を送ることが最大の目標なのだから、ぜひともリスクテイクを優先してください。

たとえば、「あそこに顔を出しておけば、ゆくゆくは大きな仕事がもらえる可能性がある」という場合と、「あのクライアントは気難しいので、ご機嫌伺いをしないと、えらいことになる」だったら、選ぶのは後者です。

評価で下位2割にだけは絶対に入らない

ここまでを振り返ってみましょう。

まず、身なりや言葉遣いなど、マナーに則った行動をしたとしても、業務負荷が増えることはありません。「反論をしない」という原則は、「本気で色々考える」行為よりもはるかに楽でしょう。そして、「本気で色々考える」行為はうまくいけば評価は一気に高まりますが、そう簡単に実を結ばないので、なかなか心証点を上げることはできません。同じ行動量で考えるなら、明らかに「反論しない」方が、着実に心証点を上げられる可能性が高いのは言うまでもないでしょう。

さらに完全フリーな空き時間は、「明日への投資より、今日の心証点」を鉄則にする。

そして、成果の芽とリスクの芽が並んだら、後者を優先させる。

ここまでで、最小の投資により、最大の心証点を稼ぐことが可能になるでしょう。

さらにもう少しだけ、基本原則を書いておきます。

まず、「高い確率で業績につながる可能性が見える」仕事はしっかりやること。

そして、評価や業績に関しては「下位３割には入らない」こと。この２つを念頭に置いてください。「下位３割に入らない」よう意識していれば、うまくいかなかった時でも、下位２割に入ることはないはずです。本当に仕事のできない人は、「ほとんど成果の上がらないタスク」に力を入れていたり、かすかな成果を追いかけ、リスクの芽をほったらかしたりしています。そういう人よりは、あなたの行動は合理的であり、成果獲得可能性が高いのですから。

厄介な仕事は蜜の味

さあ、続いて応用編です。ここからは、組織の中で存在価値を保つための処方箋となります。この際重要となるのは「メリハリ」という言葉に集約されるでしょう。

顧客やタスクをどれも同じと考え、自分の労力を公平に注ぐのは厳禁。ツボとなるところに集中し、あとは簡素に終える。

この「ツボとなるところ」は、営業なら「売上の大きい重要顧客」、内勤なら「部署の最重要ミッション」となるのは当たり前なのですが、あともう一つ、「厄介な仕事」を挙げておきます。

たとえば営業であれば、クレームが多く、ウマが合う営業スタッフでないとこじらせてしまうような顧客。内勤であれば、七面倒くさい処理が必要だったり、めったに使わないような知識・技能を要するタスクを指します。こういう「厄介な仕事」は多々ありますから、何でもかんでも全部引き受けるわけではありません。

そうではなくて、「あるタイプの顧客」「あるタイプの特殊タスク」に通じ、自分の得意としておくのです。

これは、所属する部署の中で、自分の存在価値を著しく高めることにつながるだけでなく、自分のペースで仕事をすることができるようになります。「厄介な仕事」は、他者から敬遠されるから、自分だけの聖域となり、業務プロセスをブラックボックス化させることが可能だからです。

そうした難しい顧客なら、頻繁に訪問することも「しょうがない」と周囲は見てくれるでしょうし、その顧客には関わりたくないから、他者が相手先に連絡を入れることもまずありません。だから、直行・直帰をして時間を効率的に使うこともできるでしょう。

内勤も同様で、「君、あの仕事はどうなってるの」と言われても、「もう少し時間がかかります」と言えば詮索はされにくいし、「今、あの仕事で手一杯なので」と他業務を断ることも可能になる。

クレーマーや厄介業務は、まさに「蜜の味」と言えるでしょう。

そして、後段で説明しますが、こうした「厄介な仕事」が、Wワークや退職後の小遣い稼ぎなどでも役に立つことがあります。

「1粒で何度も美味しい」ということを心してください。

副業の芽を作ろう

応用編のノウハウをもう一つだけ、書いておきます。この話は、営業職と管理部門では少し異なります。

まず営業職は、勤務地を異動するたびに1つ、必ず長く付き合える顧客を増やしていくこと。その顧客に深く入り込み、社内の人間関係や特殊用語まで知っておくことが必要です。そんな顧客を、次の異動までの間に1つ作る。この顧客だけは特別待遇で、「忙しい毎日」で対応してください。つまり整理すれば、あなたは、売上が大きい重要顧客1社と、厄介な顧客1社、そして、仲良し1社の3社に全力投球し、あとの会社には、数字に直結するだろうサービスを最小限提供するにとどめるのです。

管理部門の場合は、部の重要ミッション、特定の厄介業務に注力する。ここまでは営業と同じですが、あと力を入れるのは「外注企業との付き合い」。こちらが発注側であっても、決して驕《おご》らず、丁寧に接し、飲み会や催し物にまで付き合うようにしましょう。外注企業は、あなたのことをクライアントとして立ててくれているから、深入りしても、それほど嫌な気はしないはずです。そうして、「他の担当よりも好印象」を植え付けるのです。そう、ここでも心証点ですね。

この話、一見、営業と管理部門でやるべきことが違っているようですが、その根っこは同じです。これは「将来への保障＝副業の芽」作りなんですね。

まず、わかりやすい管理部門から解説します。

とにかく外注企業とは仲良くすべき

管理部門には、会社を超えて使えるような専門知識・技能が多々あります。経理なら税務とか、人事なら社会保険や給料（各種控除の扱いも含めた）計算、法務なら行政書類の作成や申請などは、そのまま税理士・社会保険労務士・司法／行政書士と通ずる仕事なので、わかりやすいでしょうが、他の職務も同じです。

広報や宣伝ならＷｅｂ制作ソフトやデザイン・写真加工ソフトを操れること。採用部門なら応募者管理ソフトや求人サイト制作、求人データベースからの候補者選び、転職エージェントのコントロール、求人広告管理など。総務ではファシリティマネジメントや購買管理など。

エクセルやパワーポイントの付加機能を操れたり、VB（ビジュアルベーシック）やマクロを組めること。アクセスなんかちょっとできるだけでも十分、世間的には使えます。

また、Google スプレッドシートや Google フォームなどは応用範囲も広いので重宝されます。これらは仕事以外のプライベート場面で使っている人も多いので、そうした趣味の延長がお金になったりもするでしょう。

同様に、SNSの更新作業にてこずっている企業も多いので、こうした面で長《た》けている人も仕事の機会は豊富です。Wワークや定年退職後の食い扶持《ぶち》稼ぎもできそうですね。

ただ一つ、問題があります。世の中にはこの程度でも十分お願いしたいと思っているクライアントはあるのですが、それを見つける方法がありません。「ココナラ」などの汎用マッチングサイトもあるのですが、より確率を上げるためには、職務ごとの専用マッチングサイトを利用してみたいところです。人事系であれば「CORNER」、企画系であれば「複業クラウド」、営業は「Kakutoku」などを利用している人が多いでしょう。

そして何より忘れてはいけないのが、「今まで自分がお願いしていた外注企業」。彼らが仕事探しで役立つことも少なくありません。

外注業者に対しては、あなたの所属する領域内で仕事を発注していたのだから、すなわち、あなたの技能を生かせる仕事が確実にあります。そして、彼らはけっこう人手不足で困っています。だから、「時間が空いたので仕事を手伝います」とか「会社を辞めたので、仕事をください」と言えば、色よい返事がもらえることも少なくありません。

その結果、将来「一芸あれば身を立てる」ことが可能となるのです。

営業なら異動のたびに「親密な顧客」を1つ作る

ここまで読めば、「ああ、営業もそういうことか」と勘づいた人もいるでしょう。

自分の取引先であれば、商材・業界用語・業界知識などが通用すること請け合いです。相手の社内業務にも、けっこう精通しているはずです。そうした仕事の中には、発注・納品管理や売上・請求管理など、リモートでもできる仕事はあります。また、自分がその会社に対して営業をしていただけに、他社がその会社にどんな売り込みをするのか、その手の内も見える。だから、その企業に対しては、「売り込んでくる他社を見極める」用心棒的な役割もできるでしょう。

「営業スタッフの業績作りの指導（ヨミ管理）」なども、中小企業にとってはありがたいことです。大企業のようにこの部分をしっかりやっていない会社を多々見かけます。

つまり、あなたはその会社にとって即戦力であり、困った時の頼みの綱であり、何かの拍子にリモートワークをお願いできるような貴重な代打要員《ピンチヒッター》でもあるのです。

営業も管理部門も、こうした相手を見つけておけば、老後の小遣い稼ぎもできるでしょうし、運悪くリストラに遭った時には転職先となるかもしれません。

こんな感じで、「相手を絞って特別対応をする」メリットは大きいのです。

ここまでで「重要顧客（ミッション）」「厄介な顧客（職務）」「少数の特別な相手への濃いサービス」と3方面からあなたは社内的評価を獲得することができるため、査定なども最悪点となることはないでしょう。

あんがい後輩は、丁寧な指導より「静かな指導」を望む

次は、「後輩との接し方」について考えてみましょう。

ここで、質問です。あなたがもし新入社員だったら、「親切が過ぎるほどで、やたらと細かく教える」先輩についてどう思いますか？　これは心理学的にも、またマネジメント則でもよく言われることなのですが、上司は親切なつもりでも、度が過ぎると、相手は以

下の2つの反応をするのです。

①細かな「指導」にがんじがらめとなり、うまく行動できなくなる。

②「こんなわかり切ったくだらない指導、聞いてられるか」と見下すようになる。

どちらも経験があるでしょう。

家電の使い方マニュアルを読んだ時のことを思い出してください。

事細かに書かれ過ぎていて、何をやればいいのかわからなくなりませんか？

「まず初めに電源を入れます」という指示を見て、「わかってるわ！」と読み飛ばしませんか？

部下も同じなのです。度を過ぎた指導（「何をやるべきか＝What」の羅列という意味で〝What〟型指導と呼ぶ）は、効果が薄く、部下を疲弊させます。だから必要最小限の、ともすると「そっけない」指導で十分。それは「静かな退職者」の行動原則に合っているでしょう。

後輩指導「4つの鉄則」

ただ、必要最小限のそっけない指導をする際、注意すべきことが4つあります。

1つ目は、章頭で述べた「マナー」。高圧的だったり、ぶっきら棒だったり、面倒くさがったり、といった態度は厳禁。それらが重なると、「そっけない指導」は「不親切」という心証に変化してしまうでしょう。そう、ここでも心証点は大切です。指導は少なくても良いので、いつも笑顔。そして、丁寧な言葉遣い。決して怒気を含んではいけません。これだけ注意すれば、後輩からは少なくとも嫌われることはなくなるでしょう。

2つ目は、「業績につながる可能性が高いこと」を集中的に伝える。これも「静かな退職者」の行動そのものですね。過剰指導者はえてして「必要もないこと」や「極めて可能性の低いこと」まで指導し、その延長線上で「精神論」に及ぶことが多いのです。それは、部下の行動の成功確率を確実に下げ、頭を大いに混乱させるでしょう。

対して、「業績につながる可能性が高いこと」に絞ったスリムな指導は、その主旨を理解するのもたやすく、情報量も少ないから身につけやすく、そして、ある程度の業績が必ず上がります。つまり、指導するあなたは楽をしているのに、相手の部下も満足できるという良き関係を築けるでしょう。

3つ目は、自分の「静かな退職」哲学をうまく伝えること。「俺（私）は、合理的な人間で、うまくいく可能性が高いことに絞って仕事をする。やっておけば将来どこかで役に立つ、というような確率の低いことはしない。そういう部分は教えられないが、仕事の中核である業績に直結した部分については、俺（私）から学べるはずだ。あとは、ほかの先輩に付いた時に、学んでほしい」旨、伝えておくのです。

そして4つ目。これが難しいのですが、「Way」で指導すること。あれやれ、これやれと、細切れに多々言う指導法をWhat型と言いましたね。対してWay型は「この通りにやれば、うまくいく」という、つまり〝成功への道筋〟を示す型の指導法を言います。

以下、事例で考えてみましょう。

WhatではなくWayを基本にする

たとえば新人に営業の仕方を指導する場合、以下のような教え方になりませんか？

先輩「いいか、これからは週に50万円売れよ。それが目標だ」
新人「それって、何をすればいいのでしょうか？」
先輩「まず、1日に2件は必ず顧客訪問しろ」
新人「そのためには、何をすればいいのですか？」

先輩「30件は電話かけをしろ」
新人「そのためには、何をすればいいですか?」
先輩「50件リストを集めろ」

次々に「Ｗｈａｔ」が出てきましたね。こうした指導をしていると、新人はその通りに行動したあと、こんな泣きを入れてくるはずです。

新人「先輩の言う通り50件リストを集めて、30件電話をかけましたが、1件もアポが取れません。どうしましょう……」

この場合、新人は先輩の言う通り行動しているのだから、文句は言えないでしょう。だから、先輩はこんな言葉を返すしかないはずです。

先輩「そうか、よく頑張った。じゃあ、明日からリスト集めを100件にしよう!」

こういうタイプの指導者は永遠にＷｈａｔしか出てこないのです。

一方、Ｗａｙ型の先輩の指導は、こんな感じになるはずです。

「いいか、30件電話をかけると4~5件は、かつてわが社を使ってくれていたのに、今はライバルに逃げてしまった顧客が出てくるはずだ。そうした時に、しっかりと、わが社のどこがダメだったか、聞け。相手は失望や怒りがあるから、それをぶつけてくれる可能性は高い。それはお前の勉強にもなるから、本気で吸収し、感謝をしろ。そして最後に、こう言ってみろ。『ありがとうございます。勉強になりました。ただ、それから3年も経って、わが社もだいぶ改善しました。今度、パンフレットをお届けさせてもらえませんか』」

この指導であれば、100%ではなくとも、かなりの確率でアポが取れるでしょう。

ではなぜ、この先輩はWhatではなくWayを語れたのでしょう？ その理由は、「確率の低いことを連綿とこなす」ことを指向せず、「うまくいく可能性の高い道筋」を追求し続けたからと言えるでしょう。すなわち、Wayを語るという行為と、「静かな退職」は親和性が高いのです（まあ、ここまでできる人であれば、「静かな退職」よりもスピード昇進を選ぶかもしれませんが）。

面倒な仕事を後輩に渡すコツ

また、後輩には指導の一環として、自分が担当している「面倒な仕事」を渡すこともできます。ただし、闇雲にこれをやると、「あの先輩は後輩に対して雑な扱いをしている」と、悪い評判がたちまち蔓延《まんえん》し、心証点を下げることにつながるでしょう。なので、面倒な仕事をやってもらう場合には、前もって計画的に、いつ、どのような仕事を任せるかを伝え、その意義（この仕事をやっておくと、○○の能力が身につくなど）もしっかり示すようにしてください。

後輩から「飲みに連れて行ってほしい」と頼まれた場合、これは自由意志でイエス／ノーを示せばよいでしょう。後輩相手なら気を遣う必要もなく、自分のペースで話せます。しかも、気兼ねなく断ることもできる。仕事ではなく、余暇の楽しみと思えるような相手であれば、もちろんOKすればよいでしょう。

チーム活動では「2、3番手」で楽をする

続いて、チームで仕事をする場合を考えてみましょう。職場内では突発的な協業がよくあります。営業でも、「顧客向けアンケートを20社分欲しいので、各自に割り振る」といったことが広い意味での協業となります。

こうした時、貧乏くじを引かないようにし、とはいえ、「あいつサボってるな」とも思われないポイントを考えてみます。

たとえば分業で何かを行う場合、楽な仕事と厄介な仕事が入り乱れることになります。その中で、楽な仕事を選んで、「これ、やります」と言うと、悪目立ちをしてしまうでし

ょう。一方、何も言わないで残りものを押し付けられると、思わぬ苦労をしがちです。

こうした時は、「負担が軽い仕事」を2〜3個見つくろっておき、先陣を切って「俺は○○をやる」という人が出たあとで、2、3番目に自分のやりたい仕事を主張するのが良いでしょう。その際、先陣を切った人のチョイスを持ち上げる（お世辞を言うのではなく、彼がそれに適任だという合理性を説く）のがポイント。それにより、彼は救われるはずで、今度は自分の番になった時、彼がフォローしてくれる可能性が高まります。

また、分担すべき仕事の中に、例の「自分の得意とする厄介な仕事」が入っていたら、進んでそれを選びましょう。周囲も「あれは奴に任せるのが一番」と認識しているからすぐ合意形成できるだろうし、普通は「厄介でやりたくない」仕事だから、周囲に恩を売ることもできます。しかも、前述した通り、こうした厄介な仕事は、あなたにしかできないのだからブラックボックス化しています。とすると、大変な業務負荷があるように思われ、他の人よりも、分担量が相対的に軽くなる可能性も高くなるはずです。

営業も同様で、自分が懇意にする顧客や、例の「特別な関係を作ったクレーム顧客」などがあれば、（たとえばアンケート調査などを）その企業に頼むことができるでしょう。

ここでも、前出の「メリハリ」が生きてきます。10の顧客に広く「やや良い」サービスをするより、1、2の顧客に絞り、徹底的に濃いサービスをし、あとは適度に——という仕事術は、各所で生きてくるはずです。

合理的行動と心証点稼ぎで「多忙」を装う

最後に上司との関係について書いておきます。一昔前の昭和的環境であれば、一番重視しなければならなかったのが上司ですが、最近ではセクハラ・パワハラが問題視されるため、それほど気を遣う必要がなくなってきました。「いいから仕事は切り上げて、飲みに付き合え!」などという無茶ぶり上司は、まともな企業であればもう、絶滅危惧種でしょう。

あとは、ここまでの基本則と応用編で示したテクニックでかなりの部分は防御できるはずです。

・身なり、言動に気を付け、マナー良く接する。
・基本、反論しないで肯定する。
・自分が関わる業務が増えるような上司の提案には、「大賛成です。ただ、○○のところだけが気になります」。これでひとまず時間を稼ぎ、その後「私がそれを請け負うとすると、△△な部分が足りない気がします。せっかくいい案なのだから、もったいない気がしますねぇ」と結ぶ。

・ブラックボックス化した自己の得意領域に逃げ込む。

こうした基本則を十二分に活用しながら、あとは、あなたは早く帰るために「業績に直結する可能性が高い仕事」を猛烈にこなせばいい。黙々と仕事をしていれば「忙しいオーラ」が出るので、無闇やたらと上司から話しかけられたり、誘われたりしなくなります。

そして、暇な時間ができたら、電話取りや雑用のような「周囲への奉仕」に勤《いそ》しむ。上司の無駄話に付き合っても、相手は恩義など何も感じてくれません。電話取りの方がよほど心証点は上がります。そして、そうした周囲への奉仕活動が、やはり手が空いていない感を醸し出すので、上司の無駄話・誘い・依頼のバリアーになってくれるのです。

こうした毎日を送っていれば、上司もうっかりあなたを飲みに誘うこともなくなるに違いありません。

第6章

「静かな退職者」の生活設計

「静かな退職者」の構成要件

この章では、「静かな退職者」がどのように生活設計していくべきか、を考えることにします。

初めに、「静かな退職」はどのような環境で成り立つかを定義しておきましょう。

まず、製造業や建設業では、否応《いやおう》なくタスクが割り当てられるので、自分の意思により、仕事を差配することができません。販売やサービス業も同様で、タスクは決まっている上に、顧客の多寡により繁閑もほぼ決まってしまいます。そういう意味で、本書で取り上げているような、自主的に「仕事は最低限だけ」に絞ることは不可能でしょう。そこで、「静かな退職」の対象は自《おの》ずからホワイトカラーに絞られることになります。

続いて、企業規模についても考えておきます。

あまりにも働く人が少なければ、自分一人だけ勝手な行動もできません。また小規模な企業だと、オーナーである経営者の意向が強く働き、それに逆らうことも難しいでしょう。ゆえに、「静かな退職」とは、ある程度以上の規模×ホワイトカラーに限定して成り立つと定義したいところです。

この際の「規模」に関しては、あくまでも私の直感となりますが、「従業員数100人以上の私企業」もしくは「官公庁」と定義することをお許しください。

ここまで絞ってしまうと、世の対象者は相当少なくなってしまうように思われがちですが、それは誤解です。

「世の中の会社の99％は中小企業だ」とよく言われますが、これは、従業員数0人の自営業や個人事務所まで含んだ話です。こうした「0人」事業者を除いても、まだ世に中小企業は多いのですが、それらの事業者は雇っている人の数も少ないので、雇用者数の割合はかなり低くなっています。さらに中小零細企業は、製造業や一般商店などの非ホワイトカラー職務が多くなるので、ホワイトカラーに対象を絞ると、規模の大きな事業所で働いている人のシェアが高まっていきます。

従業員規模別の正社員雇用割合については、公的データとして、就業構造基本調査（総務省統計局）と労働力調査（総務省統計局）が挙げられるのですが、ホワイトカラーに絞るとニアリーイコールな意味で、対象を大卒者に限定するには、就業構造基本調査が向いています。

同調査により、大卒×正社員の従業員規模別就業割合を示したのが、図表⑬となりま

図表⑬ 従業員規模別就業割合（大卒 × 正社員）

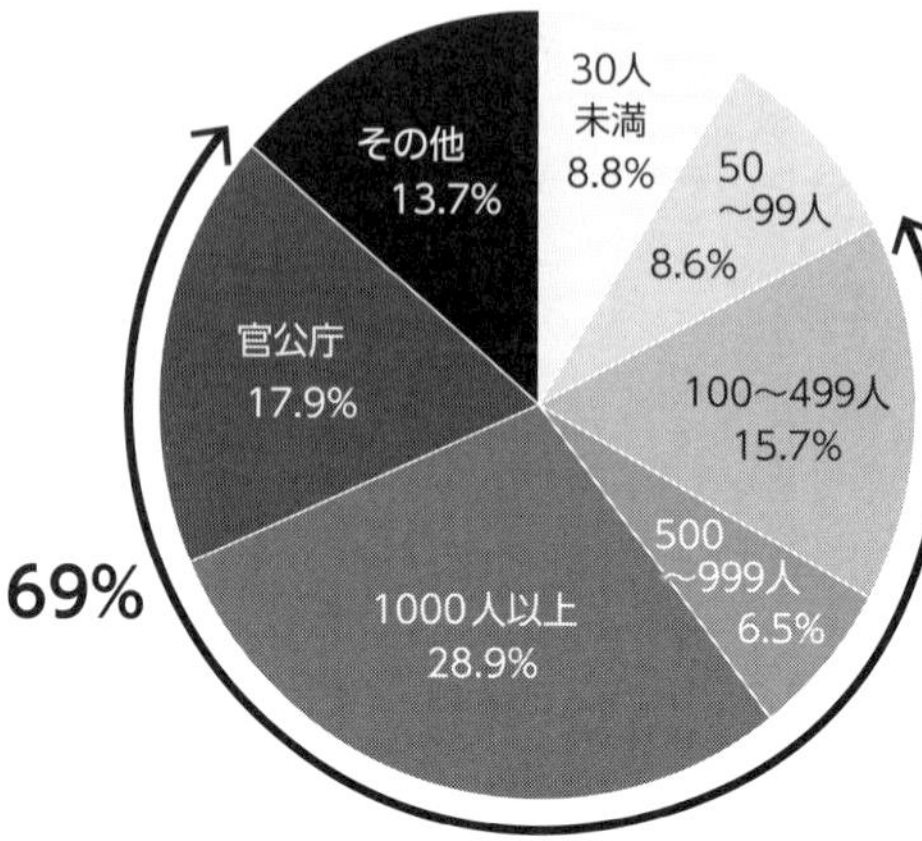

出典：2022年就業構造基本調査より著者作成

す。官公庁と従業員１００人以上の私企業に、大卒正社員の69％（官公庁17・9％、１０００人以上28・9％、５００〜９９９人６・５％、１００〜４９９人15・7％）が働いていることがわかります。

つまり、「静かな退職」を選べる基本条件に適《かな》う人は、大卒正社員のおおよそ７割と考えることができるでしょう。

「静かな退職者」の年収レベルを探る

続いて生活設計を考える上で重要な、年収レンジを見ていくことにします。

「日本人の平均世帯年収は４００万円だ」という話がよくニュースで流れますが、これは大きな誤解です。このデータは、2022年国民生活基礎調査（厚生労働省）の発表数値なのですが、まず、大きな幻惑要素として、ここには年金暮らしをしている高齢者が含まれます。高齢者の中には企業オーナーなどの億万長者も少数いるのですが、それでも均《なら》した世帯年収は低く、その中央値は244万円となっています。また、母子家庭や失業者もここには含まれており、これら総計の中央値が423万円となるのです。

これを壮年期の子育て世帯に絞ると、中央値は731万円になります。付け加えておくと、勤労世帯の年収状況を、国民生活基礎調査と毎月勤労統計調査（厚生労働省）で比較すると、前者は後者よりも1割程度、低い数字となっています。この違いについては、「個人調査である国民生活基礎調査よりは、企業の支払いベースの毎月勤労統計調査の方が数字の正確性は高い」と言われています。ここまでつらつらと書いてきましたが、日本人の平均年収というのは色々な数字がごちゃ混ぜになって、かなり低めに出ているということをまずはおわかりいただきたかったのです。前置きが長くなりましたが、「静かな退職」の基本条件となる「大卒者×1000人以上の企業のヒラ社員と課長、部長職」の年収状況を比較したグラフが図表⑭（136ページ）、また、企業規模別にヒラ社員の年収を示したのが図表⑮（137ページ）です。図表⑭で見ると能力UPにより課長以上になる

図表⑭ 昇進と年収（大卒 × 男性 × 正社員）

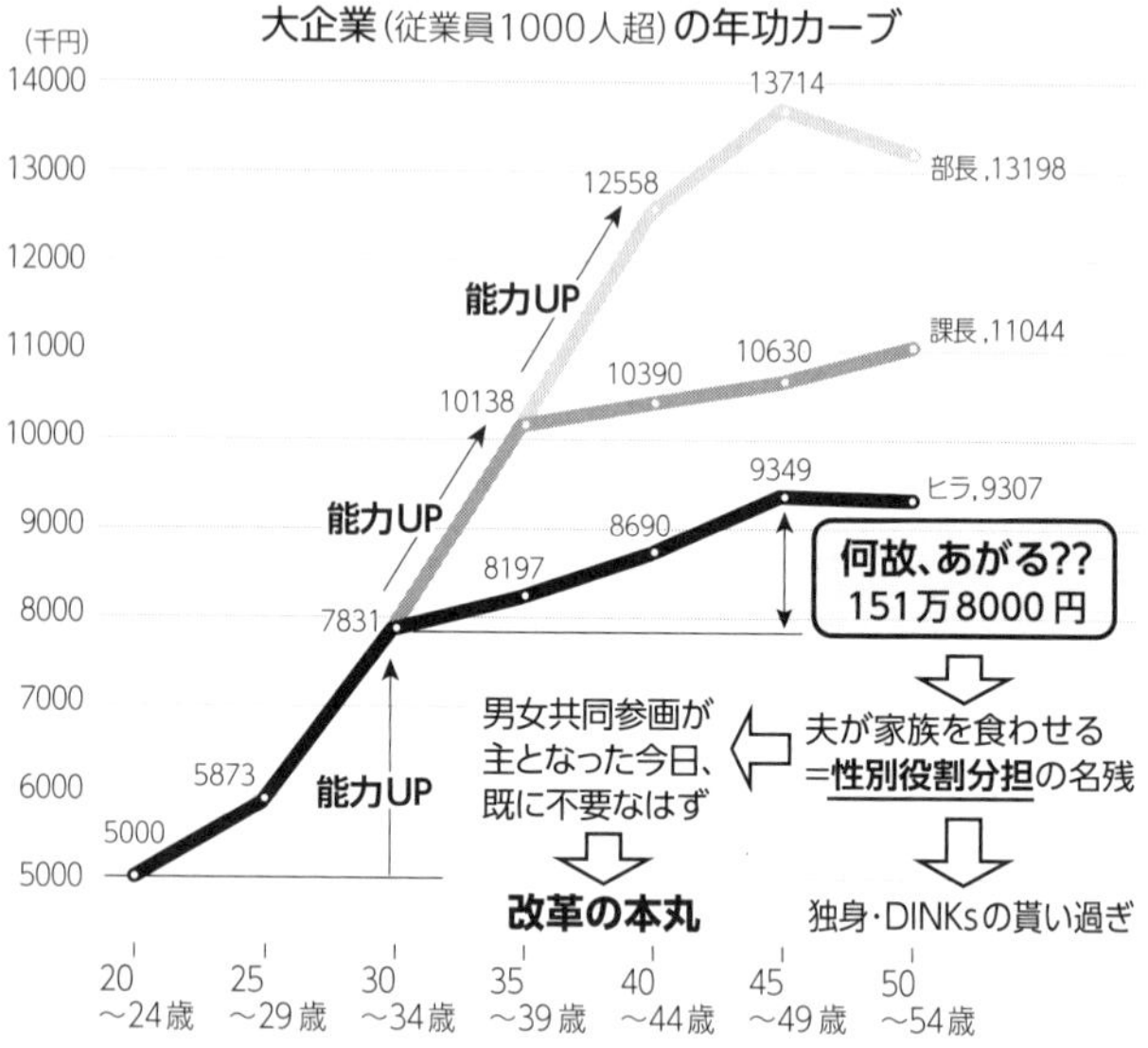

出典：2020年賃金構造基本統計調査より著者作成

と１０００万円を超えていきます。またヒラ社員も順調に昇給していきます。

従業員数１０００人以上の大企業では平均年収が30代前半で７８３万円、同後半では８２０万円、40代前半が８６９万円と急伸し、40代後半で９３５万円に到達しています。

図表⑮を見ると、５００〜９９９人の企業は大企業とは差がつきこそすれ、それでも30代前半で６８３万円、40代前半で７５０万円、40代後半で７９０万円。１００〜４９９人の企業で

図表⑮ ヒラの年収（大卒×男性×正社員）

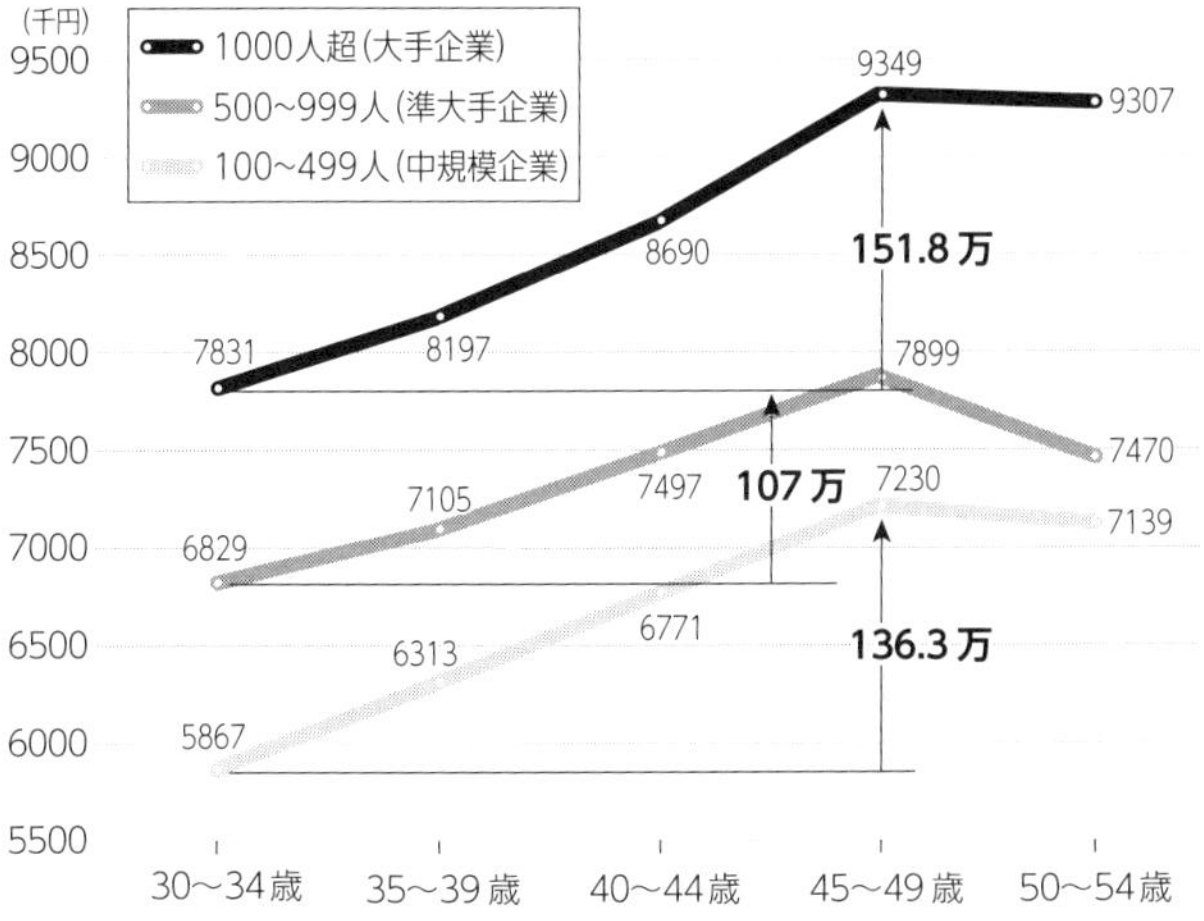

出典：2020年賃金構造基本統計調査より著者作成

も30代前半で587万円、40代前半だと677万円、40代後半なら723万円となっています。

ちなみに、これは平均年収なので、もう少し評価が低い場合の年収として、「下位25％」にあたる人の年収は、中位年収（＝1）と比べてどのくらい落ちるかを示したのが、図表⑯（138ページ）です。

大手の方が評価による減収幅が大きく、40～50代では標準年収よりも2割程度下がり、中規模～準大手企業だと1・5割程度のダウンに留まるのが見て取れるでしょう。

このことから言えるのは、「静かな

図表⑯ 下位25%層の給与（標準＝1）

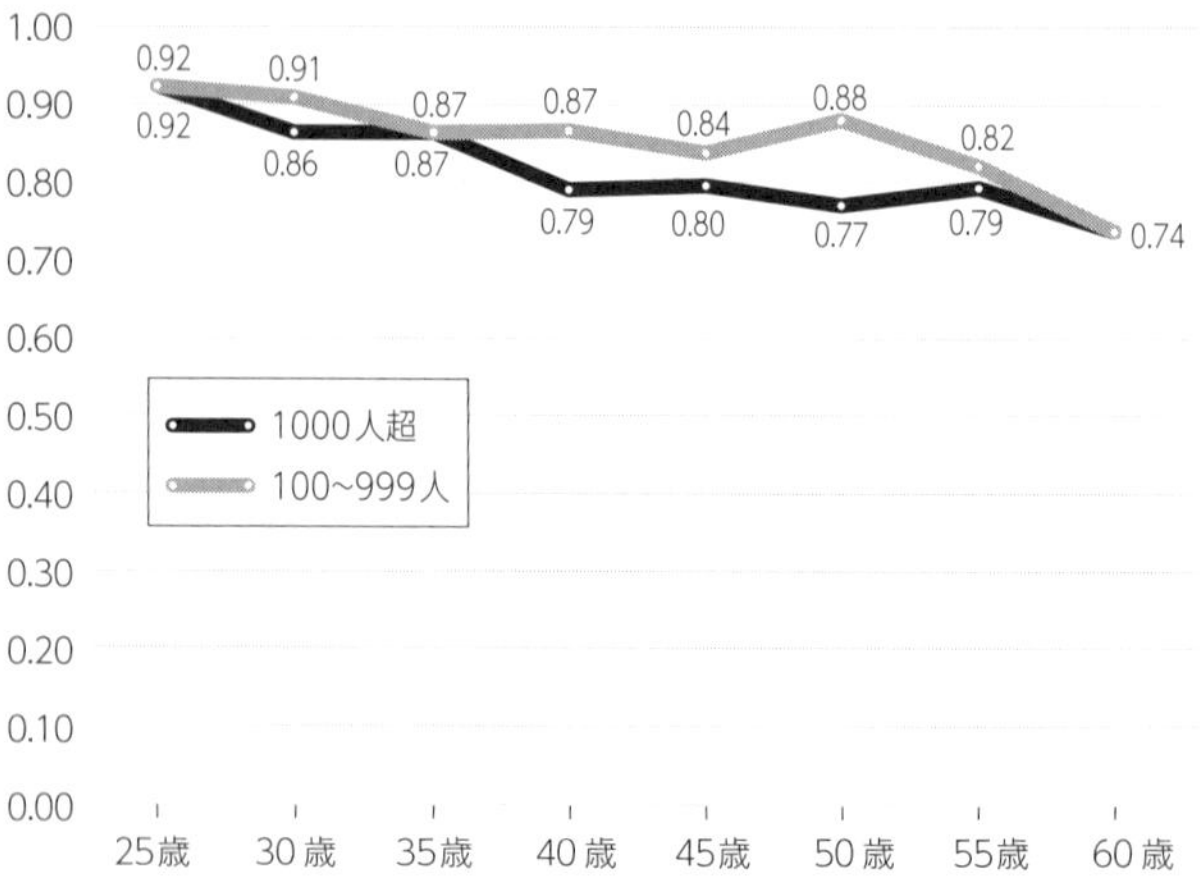

出典：2023年賃金構造基本統計調査より著者作成

退職者（＝下位３割ゾーン）」の年収相場は、従業員数１０００人以上の企業なら30代後半で６００万円台後半、50代ピークで７５０万円程度、同５００～９９９人規模なら30代後半で６００万円強、50代ピークだと７００万円程度だとわかるでしょう。

おおまかに言って、この生き方を選んだ人は、キャリア後半の年収は、大手で７５０万円前後、中堅なら６００万円台の期間が長くなると頭に置いてください。

独身者はなぜ老後に困るのか？

仮に、あなたが独身で通すなら、心しておくことがあります。それは「現役と老後の生活レベルの連続性」です。老後は年金

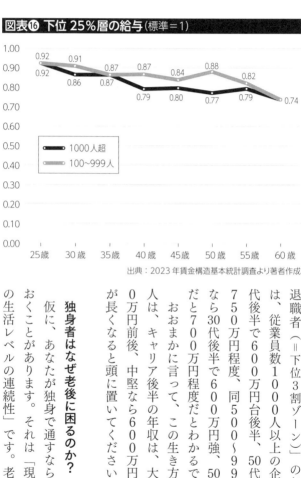

と貯蓄の取り崩しで生きていくことになりますが、独身者ほど苦しい思いをするはずです。

その一番の理由は、独身者は妻子持ちよりも、自由で奔放な生活をしていることが多いことにあります。たとえば家庭持ちは、世帯年収が1000万円あったとしても、子どもの教育費や食費、また大きい住宅が必要なことや、水道光熱費なども家族分かかり、出費がかさみます。そのため、夫婦で自由にできるお金は、年に100万円程度にとどまります。

だから、昼はお弁当を持参したり、外食するにしてもファストフードや安い定食などが定番となっています。

夜はお腹が空いても、途中、寄り道もせずに帰宅し、家で夕飯という生活です。

飲みに行くのも、付き合いが主で、月に数回が関の山でしょう。

男性ならパソコンやゴルフ道具、女性なら化粧品や洋服も、家族会議でOKが出て初めて買うことができます。30代からこうした「抑制的な生活」に慣れているから、老後も苦労なく、つましい生活を送ることができるのです。

もちろん、家族のためを思い、住宅を購入してローンを完済まで払い続けるケースが多いので、老後は家賃のない生活が送れるでしょう。

しかし、独身で通した場合、「老後の生活」に軟着陸するためのこうした訓練や準備をしていない人が多いのです。常時外食をし、洋服や趣味に自由に投資し、夜は飲んだくれてタクシーで帰宅したりする。そんな放蕩《ほうとう》癖が染みついている人も少なくないでしょう。加えて家も賃貸で通していたりすれば、手元に資産は残っていません。そうしていきなり年金暮らしとなれば、それはもう耐えられないのが目に見えています。

無理なく老後にソフトランディングするためには、家族持ちと同じように、出費を抑える癖をつけ、同時に、資産形成をすることが重要でしょう。それらを実行しながら、生活の質を保つために決め手となるのが「節税」行動となります。

4〜6月の残業を抑えれば、手取りは年8万円増える

年収が650万円（全てが給与所得）だとした場合、おおよそ161万円もの税金・社会保険料が徴収されています（所得税33万円、住民税38万円、年金60万円、健康保険料30万円）。こうした支出（公租公課）を減らすことを第一に考えましょう。

まず可能なのは、年金と健康保険料の抑制。この2つは、4〜6月の諸手当込み月収で

支払額が決まります。この期間、残業が多いか少ないかで、支払い等級が上下に1～2ランク変動してしまいます。たとえば、この3カ月の平均報酬月額が39万4999円か39万5000円かの1円の違いで、社会保険料の年間支払額は5万円変わります。36万9999円か39万5000円かでは、その差は8万円にもなります。このあたりは少し気を付ければ、すぐに出費を減らすことができるでしょう。

19万円の支払いで27万円貯蓄する秘技

次に使えるのは、iDeCoや確定拠出年金の「マッチング掛け金（確定拠出型の企業年金で企業だけではなく、個人も支払い可能なもの）」など、準公的年金への拠出です。たとえばiDeCoへの拠出だと、年間27万6000円（企業年金のない会社の場合）までが所得から控除され、所得税・住民税がその分安くなります。年収650万円レベルの単身者であれば、所得税と住民税を合わせて年間8万3000円ほど抑えられるでしょう。これは、実質的に年間19万3000円の拠出で、27万6000円蓄財ができているのと同じであり、とてもお得な貯蓄術と考えられます。

たとえば、30歳から65歳まで、iDeCoを毎年27万6000円（実質支払いは19万3

000円）を35年間積み立てた場合、実質675万円で966万円の貯蓄をしたことになります（実際にはこのほかに運用益がさらに加算されます）。2025年度税制改正大綱には、iDeCoの掛け金の上限は、会社員ならば（条件あり）6万2000円と大幅にアップすることが盛り込まれています。

ただし、iDeCoには、元本割れが起こる可能性のある運用商品も存在します。そうしたリスクが不安な場合は、元本確保型商品で運用することを忘れないでください。

なお、住宅の購入でローン減税も受けられますが、広さ50平方メートル以上という条件があり、単身者には少々大きいこと、また「持ち家派」と「賃貸派」で意見が分かれるので、一概にこうすべきとは断じにくいところがあります。

とはいえ、条件をうまく適えれば、最大年31万5000円（ローン残額により漸減）もの還付を13年にわたり受けられます。そう考えると、今の家賃と比べて、住宅ローンが月2万円多いくらいまでなら（その分は税金還付で元が取れるので）、住宅購入を一考してみてはいかがでしょう。その結果、老後にはローンを完済し、住宅関連費用が極めて少なくなるので生活の底上げが可能です。逆に、現役時はローン返済で生活レベルを抑制できます。それにより、シームレスな（凹凸のない）人生設計が可能となるでしょう。

NISAは所得税の節税にはならない

その他に、貯蓄性があり、しかも節税できるものとして、生命保険や養老保険などもありますが、控除額が小さく（支払額の半額かつ上限年4万円、複数商品の合計で年12万円）、また全額が返戻されるわけではないので、あまり節税効果は期待できません。

iDeCoと似たものにつみたてNISAがありますが、私はあまりお勧めしません。NISAは元本保証がされていないことと、所得税や住民税の節税対策とはならないことがその理由です。NISAが謳っている節税とは、「株や投資信託などに投資した結果、儲けが出た場合」に本来払うべき税金が非課税になるという話なのです。儲からなければ何の節税にもなりません。ここを誤解しないでください。

ということで、「静かな退職者」にお勧めしたいモデル節税コースは、以下のようになります。

(1)4～6月期の残業を抑制する（年間8万円の節税）。
(2)iDeCoを上限まで積み立てる（年間最大8万3000円の節税）。
(3)それでもお金に余裕があれば、養老保険で返戻率の高いもの（25年97％以上）を選び、1商品年8万円を上限に3本まで積み立てる（年間3万6000円程度の節税）。

この合計で、年間最大19万9000円の節税となり、積立額は51万6000円※。

これは、節税分が可処分所得に加わるので、実質年31万7000円の拠出で、51万6000円を積み立てていることに等しいことになります。これを35年間続けて、運用益が加わると2000万円ほどの貯蓄となります。そして、一時金や年金として受け取ると、税率はとても有利。

こうして高齢期に向けた貯蓄を作ること、そして現役時代の生活レベルを抑制すること――その両方が大事だと言えるでしょう。

※養老保険の返戻率が97・5％と仮定すると受取り額は2・5％（年6000円）減るので、実質は51万円の積み立てとなる。また、iDeCoも養老保険も、満期受取時に税金が発生するので、全額貯蓄とはならない。それでも、給与所得の所得税・住民税を大いに節税できる可能性が高い。

余裕がないからこそ結婚する

続いて、結婚について考えてみます。

「結婚して家庭を持つと言ったって、収入がないから、家族を食わせられないよ」

日本では、こんな声が多く出そうですね。すなわち、「財力がないから結婚できない」と。ところが、欧州ではこの逆で、「金がないから、結婚しよう」となるのです（正しくは、結婚だけではなく「同棲《どうせい》」も含めますが。欧州では独身者の同棲率が高く、5割以上の国もあるくらいです。そうしたカップルで、未婚のまま子どもを授かるケースも普通に見られます）。

なぜ、この違いが出るのでしょう？

日本には、今でも、「一家の大黒柱たる男が、家族みんなを食わせる」という生活観が色濃く残ります。だから、収入の少ない男性は結婚を考えず、また考えたとしても、女性に相手にされない、ということになるのでしょう。こうした「男が食わせるべきだ」という意識は、日本だけでなく、中国・韓国・台湾なども同様で（いや、もっと強い）、家や家財一式を用意できない男は、結婚できないとまで言われています。その結果、これら東アジアの国々は、未婚率の上昇→少子化がすごいスピードで進んできました。

一方、欧州では、「結婚（同棲）こそ、最大の生活費の切り詰め」なのです。確かに、2人で住めば、家もクルマも1つでいいし、水道光熱費や食費も2倍はかからないから、一人当たりの負担は減るでしょう。加えて、家事も分担してしまえば、これも手間が減る。たとえていうなら、同じ地区に支店がかぶるような企業が、合併統合すると、大幅に経費削減できるのと同じでしょう。

この違いはどこにあるのか？　1つは、東アジアの国々は未だに儒教の影響が強いことなど、文化的・歴史的な側面があるのかもしれません。ただ、そこで結論を出さず、その先を考えてください。

「結婚＝生活の合理化」を成り立たせるイクメン・カジメン

儒教の影響が強いから、性別役割分担意識が残り、家事・育児は女性がやるもの、と考える。その代わり、生計費の多くは男が受け持つ。そんな意識が原因なのではありませんか？

同棲しても、家事・育児は全て女性が受け持つのでは、女性にとっては良いことなどありません。男性にしても、生活費の多くが自分に偏るのであれば、同棲したとしても、家計負担が減ることはありません。

つまり、収入も、家事・育児も、男女平等に近い場合に限り、「結婚＝生活の合理化」となるわけです。

「静かな退職」型の人生では、会社に尽くした見返りとして年功昇給が続く〝日本型給与〟とは決別することになります。昇給はそんなにせず、その分、自由を得て、ワークライフバランスが充実する。それが本意でしたね。

とすると、「家族が増えていく年代でも給与は上がらない」のだから、「自分一人で家庭を支える」なんて芸当は無理でしょう。逆に、この生き方を選んだ場合、自由時間も増えるわけですから、十分に家事・育児も可能です。とすると、「家事・育児も、生計費も、男女分担」という生き方で生活を合理化するのが得策でしょう。

欧州型の夫婦（同棲）とは、こうした生活スタイルなのです。

女性も「男に食わせてもらう」意識を捨てる

ここまでは、とどのつまり、「男も家事・育児をやれ！」という話でしたが、同様に、「静かな退職」を全うしたい女性にも、意識改革を促したい部分があります。

「はじめに」で書いた「新しいライフスタイル、新しい働き方を踏まえた男女共同参画推進に関する調査報告書」には、静かな退職的な思考を持つ人が、女性だと8割を超えるという数字が示されていました。なぜ女性は「管理職になりたくない」のか。「まだまだ女性が働きにくい社会だから」という部分はあるでしょう。ここは社会が変わる必要があります。

また、「あんまりバリバリやると婚期を逃す」という声も聞こえてきそうです。その裏には、「女性はカワイイ存在であるべきだ」というセクシュアリズムが社会に蔓延っていることがありそうで、この部分も改善が必要です。

そうではなくて、単に「男に食わせてもらえばいいから」という考えであれば、以下、一考いただきたいところです。

・その分、家事・育児は全て自分が請け負い、「静かな退職」的キャリアさえも全うできなくなる可能性が高い（その結果、家庭内での立場も弱まり、離婚さえできなくなる）。
・「あなたの今の生活を一人で維持できる」ほど高収入な男性は、ことのほか少ないと、137ページの図表⑮で示した通りです。あなたが家庭に軸を置く働き方をした場合、夫一人で生活レベルを維持できるような結婚は、なかなか難しいでしょう。

現在、生涯未婚者が激増している背景には、これらの不都合が絡み合っていることがありそうです。家事・育児負担は（昭和・平成期よりもずいぶん改善されましたが）今でも圧倒的に女性に偏る。だから、女性は結婚するとキャリアの危機を迎える。

一方、男性の生涯賃金は頭打ちで、男一人で家族を食わせることなど難しくなってきた。この状況を打開するには、「未婚で通す」という選択になる……。

ただ、この部分は、「男性が家事・育児負担を増やし」「女性が家計負担を増やす」と、両性がともに歩み寄ることで、欧州型の「生活を合理化させるための結婚（同棲）」が可能となるでしょう。

「静かな退職者」なら、「私的な時間が豊か」で「ある程度の年収を維持し続けられる」のだから、きっと、この歩み寄りができるに違いありません。

そうして、「静かな退職者」同士が結ばれた場合、世帯年収は2人合わせて1200〜1500万円にもなるでしょう。これは、「大企業の標準昇進者＋専業主婦」家庭に勝るとも劣りません。

「静かな退職者」にキャリアの危機は訪れない

次は、キャリアの危機について考えてみましょう。

意外かもしれませんが、私は「静かな退職者」こそ、リストラになりにくく、なおかつ転職でも有利だと思っています。

会社の業績が傾き、リストラ（退職勧奨）が始まった時、1番手にやり玉に挙げられるのは、「年収とアウトプットが釣り合っていない」人です。すなわち、高年収なのに、会社に直接利益をもたらしていない人＝窓際の管理職（または職能等級的に管理職相応な人）でしょう。

一方で、「静かな退職者」は、高みにのぼらず実務をこなし続けています。しかも、年収は同期で管理職になった人よりもかなり低い。安くて実利を上げる人なのだから、会社はそれほど厳しい態度はとらないはずです（とはいえ、同じヒラ社員の中で、最悪の評価であれば、やはりリストラ対象となるでしょう。だから、5章では、「下位3割には入らないことを緩く念頭に置く。そして実際、下位2割には入らない」ということを示唆しました）。

転職についても同様です。なぜ、ミドルの転職が難しいか。その最大の要因は、「給料が高く、実務ができない」からです。図表⑮（137ページ）を再度見てください。40代後半の年収で、大企業と中規模企業では200万円強、準大手企業とも150万円強の開きがあるでしょう。個人側からすると、この減収を良しとできない。一方で企業側は、「たとえこの年収でいいと言われても、実務ができないから、ノー」となるのです。静かな退職者なら、どちらも問題なし！ですね。

私がかつて在籍したリクルートグループで見てきた再就職（リストラ）支援事業でも、

「実務ができて低年収を甘受《かんじゅ》できる」人は転職が進んでいました。当時、転職先での年収は500万円程度……。いや、心配しないでください。これは初年度の話で、1年目は在籍期間が短いから「ボーナス」が出ないことに拠《よ》ります。その後の昇給状況を賃金構造基本統計調査から引いてみると、2年目で560万円、3年目で600万円と順調に伸びています。

つまり、「年収600万円台の生活」なら、転職しても維持できるのです。

副業は残業割り増しを超えなければ意味がない

続いて、「静かな退職」を選んだ上で、楽をして所得を増やす方法を考えることにしましょう。

旧来の長時間労働をする働き方であれば、残業代が支払われます。当然ですが残業時の時給は、定時よりも25％割り増しとなっています。とすると、Wワークなどしたとしても、それ以上の稼ぎがなければ、会社に残って残業をした方が良いことになってしまうでしょう。そこで、残業代以上の収入を気楽に手に入れる方法というものを考えてみます。

ここでまた注目したいのが、「所得税・住民税・社会保険料」＝公租公課です。静かな退職者が目指す「年収600万円台の働き方」というのは、公租公課が急上昇する境目に来ています。これより年収が上がれば、①所得税は20％、②住民税は10％、③社会保険料は年金・健保でおおよそ15％、合計すると45％が公租公課で消えてしまうのです。

たとえば年収650万円の単身者のおおよその内訳を見てみましょう。

賞与が170万円、諸手当＋残業代（ほとんどしない）30万円、基本給450万円とすると、基本月給は37万5000円になります。月の所定内労働が150時間だとすると時給は2500円。残業代はこれに25％の割り増しがつくので3125円にもなる。単に会社に残るだけで時給3125円を手に入れられるとすると、Wワークでそれを超えるためには、時給3500円程度は欲しいでしょう。普通に考えると、時給3500円もの副業なんて、そうそう見つかりはしません。だから、多くの人は、生活残業と銘打って長時間労働をするわけですね。

ところが、です。こうして手に入れた時給3125円の残業代のうち、その45％にあたる1400円余りが、公租公課で消えている……。そうすると、手取りは1700円強なのです。だとすると、手取りが2000円あれば、可処分所得的には残業代よりもかなり高くなる。つまり、Wワークは、時給2000円稼げるのであれば、残業よりもおいしい選択肢になるでしょう。

問題は、公租公課を払わないですむ方法などがあるか、というところに集約されますね。

昨今は、副業先にもマイナンバーの提出は必須となっており、さらには、個人インボイス登録番号まで必要となる場合もあります。脱税は、見つかれば延滞税や悪質であれば重加算税がたんまり徴収され、下手をすると前科にもなるから、全く割に合いません。

そんなことをせずに、合法的に「公租公課をゼロにする」方法があるのです。

それが「青色申告特別控除」！

年収65万円の副業は、実質120万円にあたる

青色申告とは、個人事業者などが行う税務申告方法で、会社の給料以外の収入があった場合、会社員もこれを行わなければなりません。ただ一方で青色申告すると、最大65万円まで所得が「控除」されるのです。そのためには、正式な複式簿記を使って帳簿をつけ、さらにｅ‐Ｔａｘ経由で申告をせねばなりません。

これは、素人にはなかなかハードルが高いでしょう。ただ、ここで手を抜き、簡易申告

を選ぶと控除は10万円に減ってしまいます。ですから、65万円の控除が受けられるよう、正式な手続きをひとまず目指すことにしましょう。そのことにより、あなたは簿記・会計にも詳しくなるので、人生にとってもプラスのはずです。

さて、実は世の中には税務申告に詳しい人が多々おり、彼らに頼めば、個人の青色申告など朝飯前で代行してくれます。その料金も税理士に頼めばそれなりの額になりますが、「ココナラ」などのマッチングサイトを通じてフリーランスの方に依頼したならば、2〜5万円程度で十分でしょう。

とすると、あなたは副業で70万円弱の収入を目指し、そのうち、2〜5万円を申告作業の外注費用として差し引いて、手元に65万円残った形にすると、全額が控除され所得はなかったことになります。それにより副業分の公租公課はゼロとなります。

ちなみに、65万円の手取り年収を、残業代で得ようと考えるのであれば、税・社会保険料込みの額面では、120万円程度を稼がねばなりません。

加えて言うと、個人事業については、各種経費も損金として認められます。家にいても、Wワークをしている間に使った光熱費やその時間分に相当する家賃、持ち家であれば住宅ローン金利のうちのいくばくか、リモートワークであればパソコンの減価償却費、通信費、印刷費用、打ち合わせなどで飲食した費用などもこうした損金に含めることが可能でしょう。

そこまで入れると、うまくやれば、80～１００万円をＷワークで手に入れても、公租公課ゼロで通すことが可能となるのです。

仮に、年間65万円分の手取りを稼ぐとすれば、時給２５００円で月20時間余りの副業をやればいいということになります。これで、サラリーマンの残業代換算なら１２０万円となり、前述のｉＤｅＣｏや生保などでの節税も加えれば、給与所得換算で年収８００万円相当の生活が可能になるでしょう。夫婦でこの生活をしたのなら、それは「忙しい毎日」型のカップルの年収１６００万円相当にもなります。さらに言うと、夫のみ働く専業主婦型家庭なら、（限界税率が上がるため）年収２０００万円に相当するでしょう。

時給２５００円の副業を見つける方法

ただ、時給２５００円をもらえる仕事はそんなに簡単には見つかりません。この点については、５章で書いた「一芸あれば身を立てる」が重要となってくるので、復習しておきましょう。

・内勤管理部門であれば、会社を超えて使えるような専門知識・技能を身につけること。同時に探す外注パートナーと良い関係を築いていくこと。そして、「何かあったら、お手伝いします」と伝え、仕事を紹介してもらえる関係を築きあげていく。加えて、仕事マッチングサイトを使って依頼者を増やしておくことも重要。
・営業であれば、「厚く接する顧客」を異動するたびにストックしていくこと。異動後に、可能な事務仕事や定型的マネジメント（ヨミ管理）などを請け負う関係を作っていくこと。配属変更ごとに1つでもこういう会社を作ることができれば、年とともに、「気楽に依頼が来る」相手が増えていくはずです。

こうした積み上げで、「月に20時間＝5万円」を稼げる体制を築いていけば良いでしょう。ちなみに今、あなたが40代だとしても、定年までには20年もあります。ですから、今からこちらへ歩み出したとしても、遅すぎるということはありません。

老後の生活設計はWPPが基本

この章の最後は、「静かな退職」を続けた場合の、より良き老後を考えることにします。

「静かな退職者」は、ストレスなく現役時代を過ごした人たちだから、長命になる人も少なくないと思われます。老後が「長生き損」にならないためには、どうしたらよいでしょうか？

実は、その対策はもう大方書き終えています。

①現役時代の生活レベルをあまり上げないよう収入を貯蓄に向けること。

②節税可能な金融商品をうまく利用すると、けっこうな蓄財ができること。

③老後は、貯蓄を切り崩して、生活レベルを維持すること。

④退職後もＷワークのノウハウを生かし、リモートワーク中心で、楽にある程度の収入を得ること。

などが書かれていたはずです。

加えて言うのであれば、年金制度に詳しい人たちの間でよく使われる「ＷＰＰ」型の老後の生活設計をお勧めします。

ＷＰＰとは「Work Longer」「Private Pensions」「Public Pensions」の頭文字を取ったもの。長く働く・個人年金・公的年金の意です。その前に、年金制度の基本を書いておきます。

公的年金は、もらい始める年を後ろ倒し（繰下げ）すると、受け取る額がどんどん増えていくのです。その増加幅は、1年繰り下げで8・4%の定率（逆に前倒しすると年4・8%の減額）。なので、65歳のいわゆる一般的な支給開始から、70歳にそれを遅らせると、月額は約1・4倍、75歳なら約1・8倍にもなる！

ただ、65歳で雇用終了してしまうので、その後、受給開始まで、どうやって食いつなぐかが問題となるでしょう。そこで、「Work Longer」と「Private Pensions」の出番です。「Work Longer」については、今の企業で再度雇用延長したり、嘱託《しょくたく》として勤めるという手もあるでしょう。少子化で人手不足のため、パートタイムでの就労でも歓迎する企業が多くなっています。

もしくは、現役時代からWワークを続けるのも良い選択です。退職後だと自由時間も増えるから、稼ぎを増やすことも可能でしょう。

個人年金と副業で70歳まで食いつなげば、バラ色の老後

こうして月7～8万円稼ぐことを一つの目標にしてください。再雇用延長でもWワークの延長でも、この程度の収入であれば、所得控除後の所得税率・住民税・社会保険料（介護保険料は64歳までなので不要）は下がり、手取りの割合が大きくなるでしょう。

一方で、本章でお勧めしたように、現役時代に「節税範囲で」ｉＤｅＣｏや保険商品にて貯蓄を続けた場合、65歳時点では２０００万円ほど蓄財することができました。これらは、一時金で受け取ることも、年限を決めて有期年金（5年以上20年以下）として受給することも可能です。仮に、半分を一時金、半分を5年有期で受け取ったとすると、年額２００万円＝月額16万７０００円弱になります。先ほどの「Work Longer」分と合わせると月に25万円弱の収入となるでしょう。この年齢になると、住宅ローンの支払いが終わっている人が多く、ｉＤｅＣｏからの年金は公的年金控除が受けられるため、税・社会保険料も抑えられ、手取り額は厚くなります。

こんな感じで、仕事と個人年金により70歳までの生活を維持し、その後に公的年金をもらうことにしたとすると、その後の年金額はいくらになるか、以下のような条件で厚生労働省の公的年金シミュレーターにて調べてみました。

就労開始22歳　　雇用終了65歳
年収：22～34歳までの平均年収５００万円　35～60歳までの平均年収６５０万円
61～65歳までの平均年収５００万円

予想年金額：65歳受給開始の場合　年額220万円（月額18・3万円）
70歳受給開始の場合　年額310万円（月額25・8万円）

※65歳以降、嘱託や契約社員として再雇用延長した場合、その間も厚生年金への拠出が続けられるため、年金額はさらに上がる。

65歳から月額18・3万円をもらうか、70歳まで待って月額25・8万円をもらうか。「いつ死ぬかわからないから、早くもらうに越したことはない」と考える人と、「簡単に死にはしないから後で金に困るのは嫌だ」と考える人——主張はまちまちでしょう。ただ、ここで提示した生き方は、「少なくとも、個人年金については、70歳までに100％手に入れられる」わけであり、その後、思いもよらず長生きした場合は「公的年金が毎月25・8万円で生活が楽」になる、おいしいところ取りと言うことができそうです。

「静かな退職」が、雑事に悩まされず、平穏無事に生きることを目的とするならば、現役↓老後と生活に浮き沈みのない安定したこの生活設計は、けっこうマッチしているのではないでしょうか。

第7章

「静かな退職」で企業経営は格段に進歩する

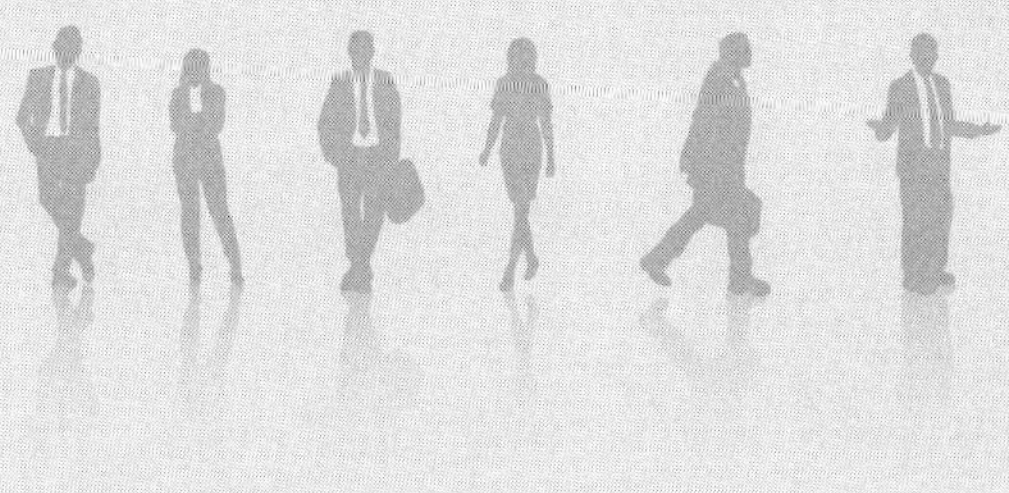

きちんと成果を求める代わりに無償の奉仕からは解放する

この章では、「静かな退職者」こそ、企業の経営環境を劇的に好転させ人材管理を進化させる魔法の杖だという話を書いていきます。

とかく会社としては、「大した成果も上げていないのに高い給料をもらい、周囲に協調せず、我が道を行く奴ら」として、「静かな退職者」を疎んじる傾向があるでしょう。でも、2章で書いた通り、欧米の非エリートでは当たり前のこのライフスタイルが、なぜ日本ではこうも忌避《きひ》されてきたのでしょうか？

・同調圧力が強い日本社会の特性

・会社や周囲と助け合う環境だから、その分、個人も奉仕すべきという考え方

こんな風土論を語る人も多いでしょう。だから、未だに「和を乱すな」「会社に忠誠を誓うべきだ」「もっとコミットメントしろ」という意見が根強く日本には残ります。この従来の常識を変えていかなければならない時期だと、経営側には気づいてほしいところです。

2章末の鼎談でもわかる通り、欧米にはこうした会社への無償の奉仕はありません。一方、彼らとて、きちんと仕事をせずサボっていることは許されません。いやむしろ、仕事

の成果に関しては日本よりも厳しく問われます。「会社に一生懸命尽くしているから、業績が悪くても許してもらえる」という甘えは許されないのです。

日本の会社にも増えてきた「静かな退職者」には、明確に仕事を与え、それができない場合は許さない、逆にそれさえしっかりこなしたならば、無形のプレッシャーは与えない。そんなマネジメントが「これからのあるべき姿」といえるでしょう。

このドライで合理的な関係が成立するためには、「静かな退職者」とて、「ミッションはきちんと果たす」「周囲に迷惑はかけない」「心証点は高く」働くべきだと、5章で書きました。これが守られる限り、彼らにはそれ以上求めるのはやめにしましょう。

要らないミドル・シニア社員問題

それでも経営側として忸怩《じくじ》たる思いが残るのは、「給料が上がり続ける」という点ではないでしょうか。結局、日本で従業員数が１００人を超える会社では、賃金カーブは、大卒社員全員、いや高卒社員にまで、「皆が年齢に従って給料が上がる」仕組みとなっていることが一番の問題といえるでしょう。

その様子をもう一度振り返ってみます。

賃金構造基本統計調査をもとに役職別に各年代の年収を試算していくと、ヒラ社員でも従業員数1000人以上の大手企業だと、大卒者なら40代前半で年収が935万円にもなり、それは30代前半のヒラ社員より152万円も多くなっています。同様に、従業員数500〜999人の準大手企業でも107万円、100〜499人の中規模企業でも136万円も多くなります（137ページ、図表⑮）。

エリートにもなれていないヒラ社員でさえ、年齢とともにこれだけ昇給しているのです。

この年功カーブがあるせいで、日本企業ではミドル・シニア層の雇用継続が厳しくなり、不況のたびに彼らはリストラの対象として心寒い思いをしてきました。年功カーブがフラットな欧米のノンエリート層は真逆で、ミドル・シニアこそ雇用が守られ、若手に厳しい風が吹くことも書きましたね。

つまり、多くの日本人が当たり前に思っている「たとえ役職が同じままでも、給料は年齢とともに上がる」という常識こそ世界の非常識であり、この部分を変えないと、日本の雇用問題は解決できず、そして「静かな退職者」を受け入れることもできないでしょう。

ヒラ社員でも高すぎるミドルの年収

日本ではこのヒラ社員でも給料が上がり続けるという「世界の非常識」が、なぜ生き長らえてきたのでしょうか。

少し考えてください。

30代前半のヒラ社員には、将来、役員や経営者に育っていく超優秀者の卵も含まれています。一方、50代前半のヒラ社員は、課長にもなれなかった人ばかりです。当然、ポテンシャルで言えば、前者の方が圧倒的に高い。なのに、なぜ年収は後者の方が152万円も高いのでしょう？

普通に考えれば、理不尽ですよね。

「50代のヒラ社員は、経験豊富で蓄積された能力も高いから、課長のサポートなど重要な職務に就いている。だから年収も高い」

こんな説明をする人も見かけます。本当でしょうか？

もしそうなら、なぜ課長相応職や部下なし課長にもなれなかったのでしょう。

私が企業を見てきた経験から言えるのは、30代半ばの大卒15年選手は相当鍛えられており、新人・若手の育成や課長のサポートなどもうすでにできる人が多数です。50代前半のヒラ社員の方が優秀ということは断じてありません。

とすると、この年収差はなぜ生まれるのか？

「家族を一人で食わせる」型の年功給は、もうなじまない

この理由、人事に詳しい人ならすぐわかるはずです。古株の人事部長に聞けば、異口同音にこう答えるでしょう。

「そりゃ、昇給しなきゃ、家族を食わせられれんだろう」

そう、能力や職務内容ではなく、家族扶養のために昇給している状態なのです（136ページ、図表⑭）。

こうした「家族扶養のための年功昇給」って本当に正しいのでしょうか？

「扶養家族が多くなった人」のみ昇給するならまだわかりますが、定期査定ごとに昇給を重ねて、誰でも高給になっていくのです。とすると、独身者でもＤＩＮＫｓでも30代より50代の方が150万円も年収が多くなってしまう。家族の多さには関係ありません。まず、これが1つ目の齟齬《そご》です。

次に問題となるのは、「かつては夫のみ働き、妻は専業主婦という家庭が多かったが、今は共働きが増えてきた」ということ。それも、つい最近までは「夫が正社員、妻がパー

ト」というケースが主でしたが、徐々に「夫も妻も正社員」が増えてきました。今後はそれが主流になっていくでしょう。

そうした場合、結婚した瞬間に、世帯年収は正社員2人分、すなわち一挙に2倍となるのです。これは、「夫一人」で昇給を重ねた世帯年収をも上回るのではありませんか？

そう、妻が辞めずに働き続ける社会になれば、もはや「家族を食べさせるための」年功昇給など不要になります。

そろそろ、「長く勤めた男性が、高給になる」という常識は壊すべきでしょう。

そうなったなら、昇給しない社員は、「給与相応」に働けばよく、上も目指さず、会社に滅私奉公もしないことを認めるべきです。仕事を終えたらさっさと帰る。そうして、家庭では家事・育児も妻と分担する。会社を生きがいに働いた挙句、課長にもなれずにすり減るよりも、その方がよほど健全なのではありませんか。

これ、すなわち「静かな退職者」そのものといえるでしょう。

「重荷」と「見返り」の両方をカットすべきだ

社員にとっては、窮屈な働き方から脱し、そこそこの業績さえ上げれば楽に過ごせることがメリットとなるでしょう。会社としては、年功昇給は不要になり、アウトプット相応の給与ですむことがメリットになります。加えて、残業代の撤廃も考えられるでしょう。

日本の正社員の年収には、業績対価以外にも「会社の利益の分配」「周囲への配慮料」「異動・転勤などのリスク対応費」などが含まれており、その分、非正規よりも給料が高いという解釈が、諸研究や訴訟などで明らかになっています。ならば、そうした「重荷」と「見返り」の両方を取ってしまう。そして、年収もスリムダウンさせる。こうすれば、企業・社員双方ともに納得がいきませんか？

現状の年功カーブは、こうした「重荷」と「見返り」込みで設計されているため、中規模以上の企業では、社員の市場価値を超えた給料となり、その結果、ミドル社員は転職の可能性が下がり、キャリアの危機に瀕《ひん》するという悪循環になっている。そこにメスを入れるのです。

30代前半のヒラ社員なら、大企業だと年収700万円台後半、従業員500〜999人以上の中規模企業でも700万円弱まで昇給しています。もちろん、この給与にも「重荷」と「見返り」は含まれているので、それらをなくして、大企業なら650万円、中規模企業なら600万円まで年収を下げ、「静かな退職」コースを設計してはいかがでしょうか。

これなら、残業せずに帰宅しても、社の行事に付き合わなくても、有休取り放題でも、文句は言えないでしょう。少し視点を変えると、この年代の育児短時間勤務の正社員はすでに似たような年収・キャリアスタイルなので、納得性も高いはずです。

ベテランを強制退社させ、未熟な新卒を大量採用する矛盾

私は長い間、人事・雇用系の経営誌にて編集長を務めてきました。そして、日本企業の「年功カーブと雇用管理」の理不尽な風習に疑問を抱くことが多々あったのです。

わかりやすいケースとして、メガバンクのキャリアを考えてみましょう。

メガバンクの場合、支店長という役職は支店の数しかないので、欧米同様「ポスト数」が限定されています。なので、支店長になれない人が多々出る。彼らは、「50歳になったら、転職してね」という暗黙の了解を頭に置いています。そして、その掟《おきて》に従い、50歳前後で次の会社へと転職していく……。

メガバンクの仕事はなかなか難しいものです。大きな会社を相手に法人融資を難なくこなすためには、窓口から始めて、個人融資→中小企業取引→中堅企業での協調融資→準大手での直接金融……などの経験を積むことが必要で、一朝一夕にはできません。

大卒後、10年程度をかけ、こうしたコースをたどりながら育ち、ようやく大きな仕事ができるようになったのに、50歳になると外に追いやられる……これはもったいないことではありませんか？

その一方で、退職した人数分だけ、新たに大学新卒者をゴソッと採用しています。採用には膨大な広告費・人件費・イベント費などがかかり、さらにその新人を教育するための育成費が必要。

こんな悪慣行をやめて、50歳になったベテランを安く使い、その分、新卒採用を絞れば、会社経営は相当楽になるでしょう。

メガバンクは高給なので、「静かな退職者」とて650万円まで年収を下げる必要はなく、750万円あたりで帳尻が合うのではないですか？

そして、他行に先駆け、「わが社では、緩く長く70歳まで働くコースを用意した」と言えば、採用場面でも優位に立てるはずです。

こんなことを各社が考えていくべき時期なのでしょう。

将来性など不要になれば中途採用は格段に楽になる

脱年功管理は、人事に様々な効用をもたらすと考えています。

たとえば、中途採用が劇的に易しくなること。なぜ、欧米（とりわけ米国）では、中途採用があんなに楽にできるのか、考えたことがありますか？

それは、「年齢相応」という要件がないからです。目の前の仕事を規定の給料でやってくれるなら、何歳でもかまわない、ということ。それは、2章の鼎談で成田さんが話していた「うちでは62歳でも正社員で現場職を採用している」という事実でも明らかでしょう。日本でも非正規に関しては全く同様で、ファストフード店などではシニア層が学生アルバイトと同じ給料で同じ仕事をしています。

ところが、日本企業の正社員だとこうはいきません。

たとえば大手企業で末端の営業職を中途採用する場合、「年齢から考えるとせいぜい26歳まで」という縛りが生まれます。同様に、30代半ばの人を採用するなら、「前職で係長程度の職務に就いていないと厳しい」、30代後半なら「課長になれる程度の能力が採否の基準となる」などと、必ず「年齢相応」を頭に置いてしまうのです。

だから、係長ポストの中途採用に50代のシニアが応募してきたら、たいていの日本企業はノーと言うでしょう。

こうして、「年功管理の呪縛」に嵌《はま》り、日本企業は中途採用で足踏みを続けているのです。「年功管理の呪縛」を解けば、非正規雇用者からの登用も進むでしょう。幹部候補としての資質を問われたり、配転可能性を問われたりせず、営業や経理、人事などのジャスト・ジョブがきっちりできれば、登用されることになるのですから。これにより、非正規からの正社員登用が少ないという問題も、大いに解決されるはずです。

役職定年の導入期は「喜劇」が随所で起きた

脱年功管理は、まさに現在の日本企業に迫られている転機といえるでしょう。

日本でも正社員の男女比率が半々に近づきつつあり、結果、正社員カップルの共働きが増えています。とすると、多くの正社員が家事・育児・介護に携わらなくてはならない状況です。彼・彼女らの少なくない人たちが、短時間勤務を余儀なくされ、結果、同期よりもキャリアが遅れていく。こうしたことで、「年功管理」は日に日に難しくなっています。

また、少子高齢化の進展で、シルバー人材の活躍も喫緊《きっきん》の課題です。今後定年が延びて、70歳に近づいたらどうなるでしょう?

この時考えてほしいのが、多くの日本企業にある「役職定年制」という奇妙なシステムです。ある年齢になると、能力ある人もない人も関係なく、そろって役職を降りる。そうして、後進に道を譲る。年功管理の極みですね。

こんなもの、欧米にはありません。

この制度は、１９８０～90年代初頭に企業に浸透していきました。当時の企業は55歳定年だったものを、日本政府は１９９４年の法改正で60歳へと延ばすことを義務化したのです（施行は１９９８年）。

55歳定年なら、55歳で役職者はいなくなり、それで新しい課長が誕生させられる。そんな慣行を敷いていた企業が、60歳定年になると、役職者の残存期間が5年延びるため、年功管理に障害が発生します。そこで、55歳役職定年を設けたというわけです。

ただし、役職を降りた元管理職の扱いに、企業は大いに難渋しました。部付部長などという名称を設け、腫れ物に触るような扱いをしたのです。

当時はバブルの余韻が残る時期であり、彼らは本物の窓際族として、仕事もせずに社内でぶらぶらしており、昼から接待ゴルフに行くことや、社食で杯を傾ける光景なども目にしたものです。

見かねた企業は、彼らへの早期勧奨退職制度を設け、セカンドキャリアへの転身インセンティブも用意します。加えてこの頃から、リストラ支援ビジネスなども生まれました。全部、役職定年制がもたらした喜劇と言えるでしょう。

次の雇用延長はこのままなら「悲劇」を生む

ところが、少子高齢化が進む日本では、この直後に政府主導で、今度は雇用終了の65歳への再延長が行われます。そして、2006~2012年までの間に、それが義務化されていきます。

これで、「社内で5年間ぶらぶらする」ことで成り立った役職定年制が、「社内で10年ぶらぶらする」に変わったため、企業は大いに苦慮します。

そこで企業はどんな手段を選んだか?

当時は曖昧《あいまい》でしたが、振り返るとよくわかります。それが、「役職者になる人を減らす」という選択でした。

図表⑰を見てください。これは、厚生労働省の賃金構造基本統計調査のサンプル数から試算したものですが、50代前半の「大卒・男性・正社員」という最も昇進可能性の高い一群が、果たして管理職になれたかどうかを示したものです。

図表⑰ すでに半数以上が管理職になれないという現実

50～54歳、大卒×男性×正社員の管理職比率

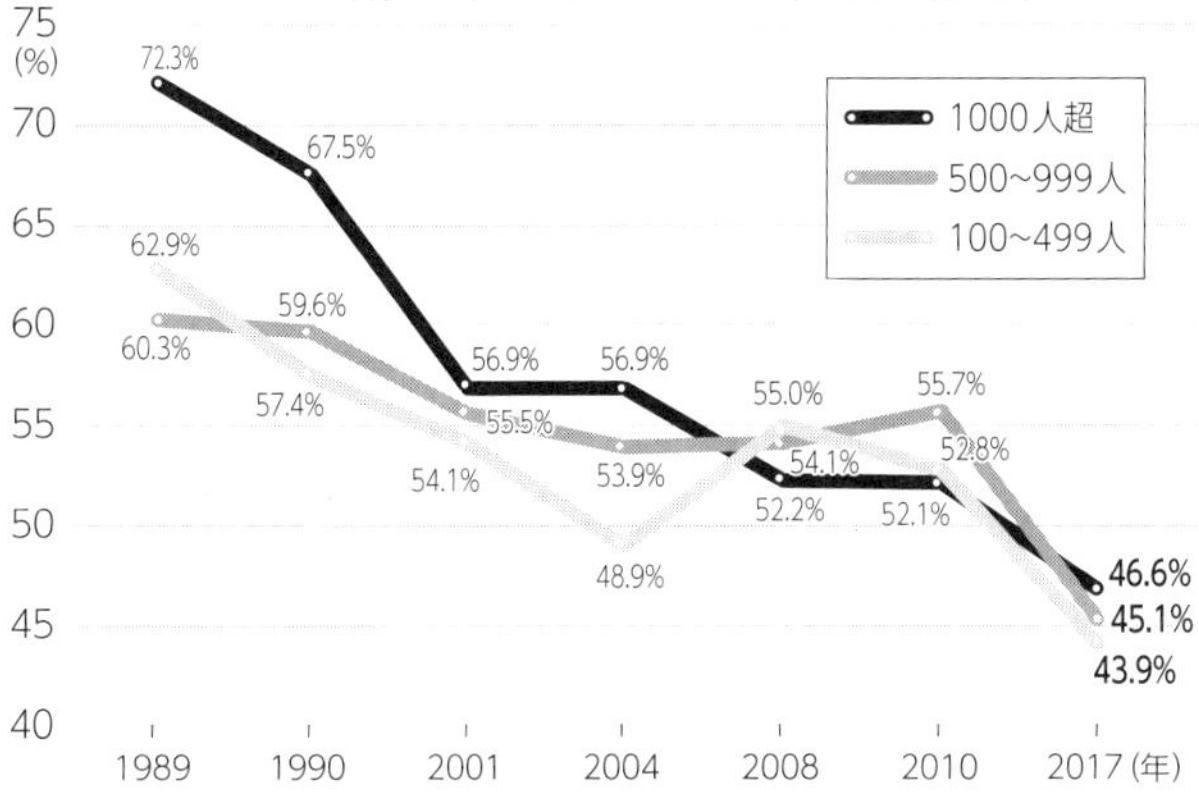

▶▶「誰もが階段を上れる」夢で、働き続けるのが良いか？

出典：各年の「賃金構造基本統計調査」（厚生労働省）サンプル数より試算

バブル期、大企業のそれは72％と高かった（当時はこの他に「課長相当」「部下なし課長」「退職前の駆け込み昇進者」などがいるので、実際は9割を超えたのではないでしょうか）ものが、現在では45％程度まで下がっています。もはや、半数以上の人は課長になれない時代となりました。

こうして、「上がって下りる」人の割合を減らし、なおかつ、「上がった人」たちにもプレイングマネジャーとして実務を持たせて「錆《さ》びない」ようにしていったのです。

ただ、時代の流れは速く、2021年には70歳までの就業機会を確保することが努力義務化されます。65歳への延長時と全く同じ流れなので、2030年を目安に、70

歳への完全雇用延長が進みそうな流れです。

管理職になれる人が45％に減ったとはいえ、彼らが役職定年後、15年も社内でぶらぶらしていたら……、彼らを部付部長などと15年も呼び続けるのは……。もはや喜劇ではなく悲劇ですね。

ラジアーの定理も「静かな退職」を支持する

日本では多くの企業が、「忙しい毎日」を社員に強《し》いてきました。それは、「重荷」と「見返り」でバランスされていたから。でも、もはや管理職になれる人は45％足らずなのです。半数以上は、「エリートになれる夢」を見ながら、現実では裏切られることになっています。「誰でもエリート」というニンジンは、もうこれ以上、効力を保てないでしょう。

企業側とて、「誰でもエリート」の夢から覚めさせないように、50代まで年功昇給を維持し、結果、30代半ばのポテンシャルある若手より150万円も多い賃金を支払う無駄に辟易《へきえき》しているはずです。

そして、多くのシニア社員を疎《おろそ》かにしながらも、一方で大量の新卒採用を続けている。この悪慣行も、さらなる少子化の中で人材確保に難渋することから、早晩改善が必要でし

図表⑱ ラジアーの定理が説く「年収と定年の関係」

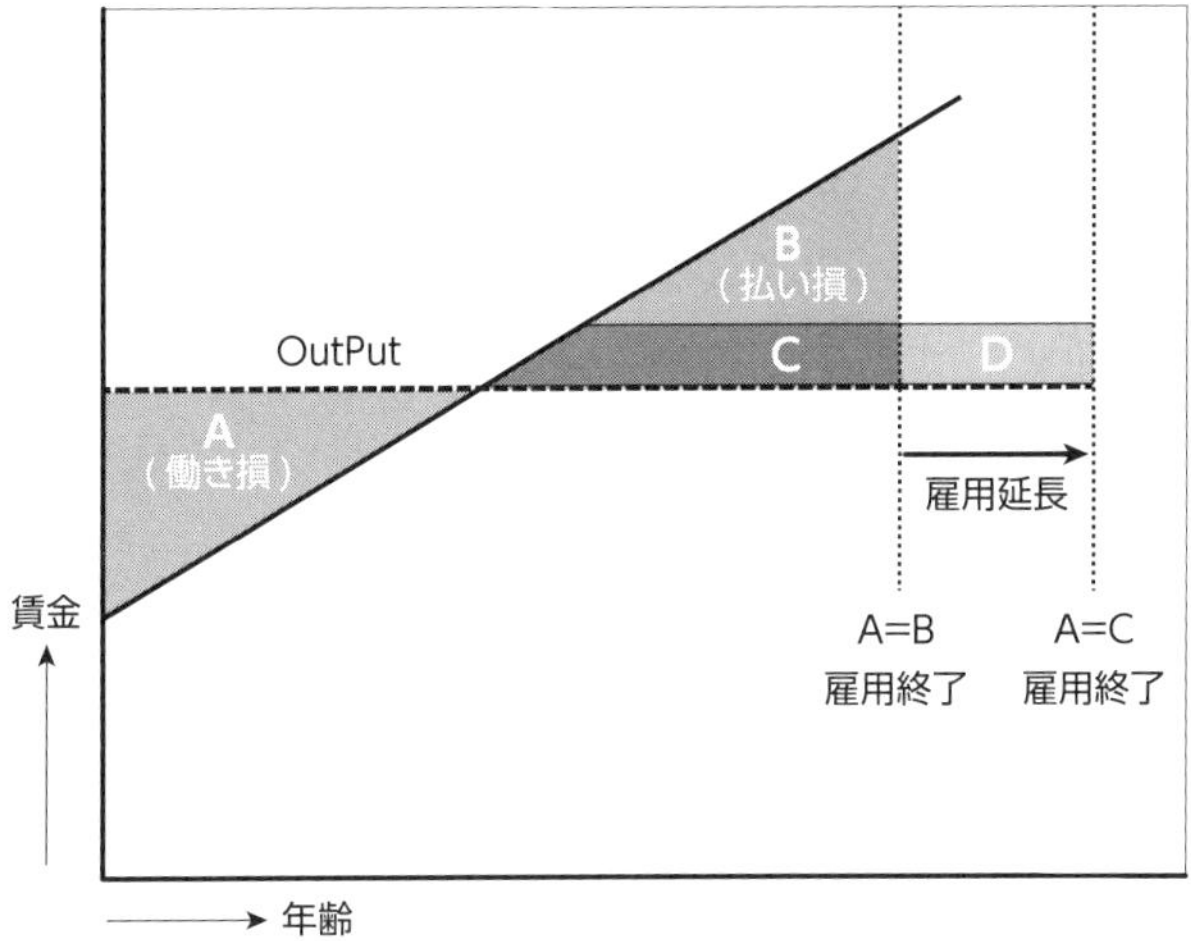

ょう。さらに今、雇用はさらに5年延長しようとしている……。

これらの矛盾を全て解決するのが、「静かな退職」コースだと気づきませんか？

労働経済の分野で定年制を説明する時に、その基本となるのが「ラジアーの定理」というものです（図表⑱）。

これは、賃金とパフォーマンスの関係から定年制を説いたもので、若い時は働き以下の給与に留まり（労働者にとって働き損＝図表内A）、その後、昇給により働き以上の給与となり（企業にとって払い損＝図表内B）、この働き損と払い損の帳尻が合う年齢で雇用終了（図表内C）となるという考え方です。

この図に「静かな退職者」コースを設けると、図表内Dのように雇用終了が延びて、長く働くようになっても、彼らは社内でぶらぶらするのではなく、それほど高くない年収で実務をこなし続けるのです。

これは3章でも書いたことですが、年功昇給を是とすると、給与が上がる分、難易度の高い仕事をすることが当然視され、やがて現場の実務から離れていく。そうして10年も高位にいて、役職定年で現場に戻れば、もう浦島太郎状態で、仕事ができず、ぶらぶらするしかなくなってしまいます。「静かな退職者」として、毎日、最前線で実務を続ければ、テクノロジーの進化への対応も（日々の変化は微量であり、毎日仕事を続けているなら、許容可能なため）できるでしょう。

「静かな退職」コースを軟着陸させるには

では、「静かな退職」コースはどのように導入したら良いでしょうか？

確かに、大手の古い企業だと、こちらに進む男性は少なそうです。一方、未だに家事・育児の多くを請け負う女性社員は、この「静かな退職」コースを歓迎する人も多いでしょう（実際、本書の冒頭の調査でも、女性は8割以上が希望している）。結果、「静かな退職」

が、巨大なマミートラックとなってしまうという危惧が見受けられます。

この問題をしっかり考えていかないと、「静かな退職」コースは定着しないでしょう。

そこで、「静かな退職」コースに男性社員をどのように増やしていくかが企業に求められることになりそうです。

当然、このコースへの移行は「本人希望による選択」が必要です。従来コースと並べて提示し、どちらがいいかを考えさせるわけです。
①「静かな退職」志向を認める。若年でそういう働き方をしている人を矯正しない。
②「静かな退職」のあるべき姿を広める。きっちり仕事はする。無理はしない。給与や役職といった見返りは求めないという働き方の良さを伝える。こうして志向者の裾野を広げる。
③定期の査定を厳しくし、その評価分布や各人のレベルを伝える。昇進・昇級が難しい人たちには、自覚させる。
④主任や係長などの「管理職手前」の段階で長期滞留者を増やす。一律昇進などはないことを知らしめる。
⑤30代半ばからは「静かな退職」を査定のたびに促す。

⑥有望な女性社員には、「諦めず、上を目指す」意欲喚起を続ける。
⑦短時間勤務などのマミートラックからは「昇進が可能」とし、一方、「静かな退職」コースは昇進ができないと、その主旨を反映して差をつける。

この他にも、査定方法について、私にはアイデアがあるのですが、本書は人事指南書ではないので割愛させていただきます。

ただ一方で私は「静かな退職」コースへの誘いは、けっこううまくいくと、楽観的に考えています。たとえば、多くのメガバンクのように50歳、もしくは一部の超大手メーカーなら55歳で新天地を探すべきだという圧力がかかるケースがままあります。こうした企業で「静かな退職」コースを選べば、今の会社にいられると示せば——少なくない人がこちらに動くと思われるからです。

一方で、滅私奉公して50歳になっても管理職になれない人がすでに過半数で、これから先、さらに増えそうです。こうした状態であれば、「静かな退職者」らの豊かな私生活を見せられた後進は、こちらを選ぶ人が増えていくでしょう。

「静かな退職者」に甘えるのも、彼らを甘やかすのもダメ

あとは、彼ら「静かな退職者」と常時接することになる上司や周囲の意識改革です。

ここで参考にしたいのは、2章末にあった「欧米企業経験者の鼎談」です。向こうでは「緩く楽に」生きている人も、言われた仕事を為しえなければクビになる。「静かな退職者」は遊んでいて良いわけではなく、職務、目標、決められたタスクなどに関しては今以上に責任を求められるべきなのです。「遊び」や「甘え」は決して許されません。

現在の日本は、ジェネラリストの何でも屋だからこそなれ合いで、成果や細かいタスクには逆に「なあなあ」になっています。むしろ、職分がしっかり決められた「静かな退職者」に対しては厳しいマネジメントをしても良いと考えてください。そして、（次章の最後に雇用保障についても書きますが）仕事も勤務地も決まっている「静かな退職者」に対しては、その職分を果たせなかった時には、解雇を迫ることも、ジェネラリストより容易だと、伝えてかまわないでしょう。

一方で、これも2章の鼎談からわかる通り、職分が不明確なタスクを「やっとけ」という指示や、「部のみんなの和を乱すから」といった無形のプレッシャーこそ、もうやめるべきと念頭に置く。そうしたものは、本来、社員の厚意による持ち出しだったわけで、今まではそれが「当たり前」「無料」だったものが、今後は（少なくとも「静かな退職者」には）特別なものなのだと、ここも認識を変える必要があるでしょう。そうした部分は、今までの日本型マネジメントの「甘え」だったのです。欧米ではそうした持ち出しは、リワードやアプリシエイトなどという呼び名で「付加給の対象」にまでしています。

日本型雇用と欧米型雇用の絶妙な接ぎ木

私は、いたずらに欧米を礼賛する者ではなく、日本型雇用に関しても、一定の評価をしています。とりわけ、「誰もがエリート」を夢見て階段を上れる部分は、全廃にはしたくありません。

大学を出たばかりの何もできない人の大量入職が可能で、その上、実務をしっかり積み上げ、かなりハイレベルな仕事ができるように育っていく。本章にも登場したメガバンクの法人融資などはその典型でしょう。職業訓練制度が浸透している欧州でも、こういう高年収の仕事については、訓練されるのは「入り口」部分だけであり、しかもその訓練の多くは民間企業への委託（要は企業派遣で雑用をさせられる）です。有名なドイツのデュアルシステムなど「低年収でのたたき上げ」そのものであり、さらに、この制度が企業の採用・選抜の代行にもなっているほどなのです（欧米礼賛者は夢ばかり見ています）。そうした欧州の入り口よりも、日本型の入り口はそこそこ良い面もあるといえるでしょう。

ただ、日本型の問題は、キャリアの後半にあります。

ある程度ポテンシャルのある若い人を叩きあげれば、そこそこの仕事をこなせるようにはなる。そこまでは一律育成でもいいでしょう。ところが、その先、課長・部長・経営側に上がっていくには、やはり能力差が出るから一律管理は無理です。

そして、多くの人は脱落する。

こうした厳しい現実を隠して、50代まで「誰もがエリート」とむやみに働かせ、結果、半数以上が管理職にもなれず、なれた人とて55歳から社内でぶらぶら。そして、大方のシニア層は首筋に寒さを感じる……つまり、日本型の大きな問題がキャリアの後半にあるのは間違いありません。

そこで、中盤に分岐点を作る（184ページ、図表⑲）。

今までのように遮二無二《しゃにむに》働くコースと、ゆったり「静かな退職」コース。

遮二無二働くコースに行ったとしても、会社が目をかけて育てるのは、優秀な一部だけにする。そして、選ばれた優秀な一部の人たちには、欧米並みの綿密なリーダーシップ開発プログラム（LDP）を課す。

図表⑲ 日本型と欧米型の接ぎ木

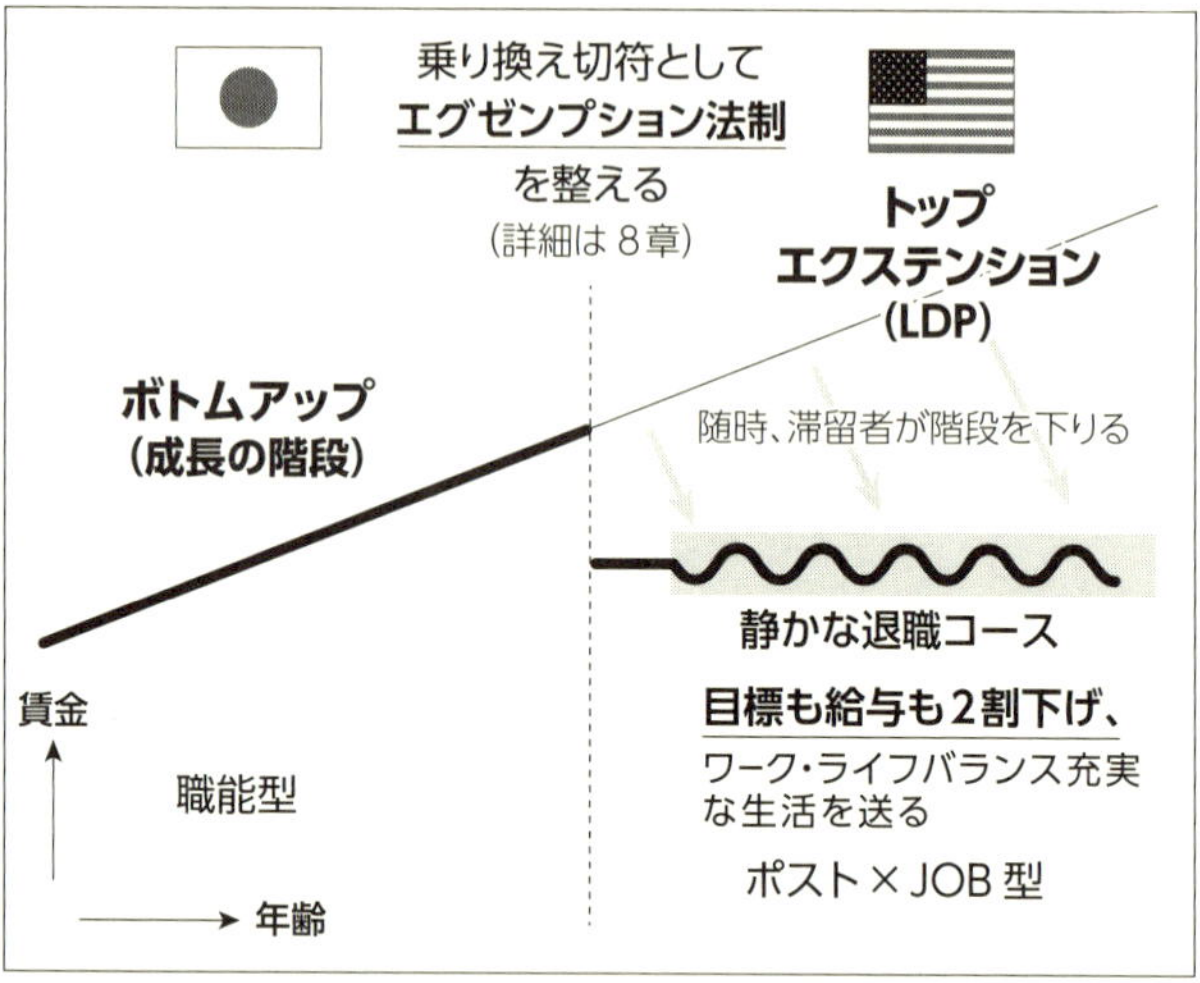

▶▶日本型雇用の良さと欧米型を折衷し、途中から、エリートとノンエリートに分化

そんな欧米と日本のいいとこ取りシステムが、今後の日本には必要です。

今よりは厳しい制度となるでしょうが、それでも、大学を卒業して15年程度は「夢を見られ」、しかも年収650万円くらいの、欧米ならノンエリートとエリートの境くらいまでは賃金も上がります。その後、エリートコースに行けるかどうかは狭き門でしょうが、それとて学歴ではなく15年間の業績と評価で決まる。キャリアの入り口でコースが決まってしまう欧米型よりも、日本人にはよほど受け入れやすいでしょう。

第8章

政策からも「忙しい毎日」を抜き去る

「忙しい毎日」を是とした政策は全て骨折り損だ

この章では、行政に対しての要望を書いていきます。日本が今直面する労働問題は、「静かな退職」でかなり解決するはずだから、ぜひ、ここに力を入れてほしいという意味です。

政府は今でも政策の軸足を「忙しい毎日」に置いています。まずここにボタンの掛け違いがある。

たとえば昨今の政府が「人への投資」という名で進めている政策はどうでしょうか？リスキリングなどはその典型でしょう。

これは、「日本人の給料が上がらないのは、スキルアップが足りないからだ。欧米の職業訓練のような技能底上げの仕組みを用意し、日本人も稼げる技術を身につけ、給料を上げよう」という考えが基本にあります。もっと努力しよう、もっと頑張ろう、なのですね。

でも、欧米に行けば、配達員もウェイトレスもレジ打ちも、みんな時給2500円をもらっています。彼らのスキルは高いですか？　この本で何度も書きました。スーパーではスマホ片手にレジ打ちをし、ビニール袋を丸めてよこす店員もザラです。そんな「低レベル」のサービスでも時給2500円を稼いでいるのです。

なぜ、こんな低レベルのサービスでも高賃金が稼げるのか。

焦点を当てるべきは、そこでしょう。「そんなに頑張らなくても、いいんだよ」「いやむしろ、頑張らない方が生産性は上がるんだ」――日本もそちらの方向に政策誘導しよう！

これが正解じゃないでしょうか。

本書の1章をご覧いただければ、「頑張らない」「手抜き」の方が労働生産性は高まるということはもうご理解いただけていると思われますが、再度書いておきます。

たとえば、1章で書いた「バルセロナからアンドラ公国に行くバス」で、定時になったから近場の車庫にて降ろされた話。日本のドライバーなら残業してもアンドラ公国まで行くでしょう。一方、アンドラ公国近辺で降ろされた乗客は、仕方がないからタクシーなどを新たに利用する。これで新たな「生産」が生まれるわけです。

手抜きの話では、不良品の返品交換を例に挙げました。欧米では不良品率が1％でも「返品交換すればいい」で許される。日本は、0・1％でも許されない。その結果、どうなるか。1％の不良品率が許されるなら、仕事は楽で早く終わります。0・1％でも許されないなら、検品や修繕作業で労働量はすぐに2～3割延びるでしょう。それでもアウトプットは「1％－0・1％＝0・9％」しか伸びません。これでは相当な「生産性ダウン」です。

こんな社会慣行があるから、日本は労働生産性が低い。そこに気づけば、「もう頑張るのはやめよう」「手抜きをしよう」が本筋でしょう。なのに、日本では「リスキリングしてさらに頑張れ！」となってしまうのです。

生産性アップには、分母となる労働時間を減らす（手抜き）のが一番効果的なのに、未だに分子の「成果」を増やす方に目を向けてしまうのです。

「リスキリング」も「人生100年時代」も忙しい毎日が基本

ちょっと前には「人生100年時代」を冠した政策パッケージもありました。その中では、長い人生を生きていくには、1つの仕事では難しいから、シニア期にまた新しい職業に取り組めるよう、勉強に励め！という主旨の政策が出てきます。

本当に「まだまだ頑張れ」一辺倒ですね。

そもそも、人生100年時代とはどういう意味だったのでしょう？

この言葉の提唱者であるリンダ・グラットン氏によると、「2007年に生まれた子どもの半数が100歳以上生きる」というものでした。その子たちが50代になるのは、2060年頃の話です。対して「人生100年時代政策」が謳われたのは2017年。この時代の50代（私もそう）は、人生100年なんかでは全くありません。こんな本旨の履き違えまでしながらしきりに「頑張れ」とやっているのです。

「人への投資」が無駄に終わった30年間

政府は、デフレ対策・給与アップの呼び声のもと、度重なる「人への投資」を実施してきました。リカレント教育や学び直しという言葉も、10年ほど前からすでに政策の中で使われています。「自己啓発」→「リカレント教育」→「学び直し」→「リスキリング」と呼び名を変え、しきりに「もっと頑張れ」を繰り返しているだけなのです。

歴史をたどれば、30年近く前の1998年に教育訓練給付制度を創設し、余資が潤沢だった雇用保険特別会計から、スキルアップのための自主的な学習支援が行われました。

この資金を利用して趣味の習い事に勤しむ人もいた一方、語学や会計、ITスキルやWebデザイン、CAD（コンピューターを用いた設計）など、有用性の高い講座を受講する人たちも多々いました。結果、予算規模は最盛期に年間1000億円にもなり、実施・支給額も約900億円に上っています。

そうして、創設から10年の集中投入で3000億円近くの給付が行われました。しかし、働く人の給与はこの間、ほとんど上がっていません。

もういい加減に「もっと頑張れ」は効かないと気づくべきでしょう。

欧州における高生産性の裏側

「国民所得を伸ばして豊かな社会を創る」という話も、日本の政府は「真面目に取り組み過ぎ」です。欧州はどのように国民所得を伸ばしてきたのでしょうか。

2章で触れましたが、欧州諸国は、企業横断型の大規模な労働組合が、経営者団体と一括交渉をし、職種別に賃金を取り決める形で、標準給与というものが決まります。日本のように企業別に賃金が決まるわけではありません。

欧州型の賃上げシステムだと、企業は賃上げを甘んじて受け入れられるのです。それは、「ライバル他社も一律賃上げなら、条件は一緒だから、安心して価格転嫁ができる」からなのです。そう、いくらでも賃上げし、いくらでも値上げできる。

さすがに製造業では、賃上げしすぎれば工場が海外に転出してしまうかもしれないと歯止めがかかります。ところが、一般のお店、たとえば飲食店や衣料品店などは、国外に出ていくことはありません。消費者はその土地で買うしかないからです。だから、そうした内需産業では、いくらでも賃上げし、いくらでも価格転嫁する。

その結果、ヨーロッパではどうでしょう？

高い賃金をもらっているけれど、高い物価で、生活は決して豊かではありません。

それでも、国民所得で比較すれば、「日本よりはるかに上」と誇れるわけです。

高い給料と高い物価

ちなみに、経済にはそれほど明るくない読者のために、国内総生産（GDP）の計算について、もう少し説明します。

GDPとは、各所で生じた「生産」の総和となります。工業なら生産という言葉もわかりやすいのですが、サービス業や小売業だとそれは以下の式で表されます。

生産＝売上－原価＝粗利＝利益＋経費

人件費を上げて価格転嫁すると、前出の式の「経費」が増えることになります。これも立派な「生産」なのですね。仮に価格が2倍になった時、原価がそのままであれば、生産は2倍以上になります。価格弾力性（値上げした時の売上個数がどれだけ減るか）が0から1を少々上回る程度の産業では、値上げ＝総生産の上昇となります。

つまり、「（生活密着産業で）高い給料をもらって高い消費をすれば、GDPは上昇する」のです。それは決して豊かな社会とは呼べませんが……。

ちなみに、こうして外でのサービスが高価格化した欧州では、家庭内で自活することが標準となっています。日本のように、頻繁に外食し、クリーニングを使い……という生活スタイルは維持できません。そして、自活が主となると、その作業を分担するために同棲が広まる……欧州では未婚者の同棲割合が高い理由もわかるでしょう。そして、彼らは未婚でも子どもを産む。こんな感じで、「高い給料・高い物価」は出生率アップにもつながっています。

いかがでしょう？　日本政府が必死にGDPを伸ばそうとあがいているのを尻目に、欧州各国は高い給料・高い消費型で、楽をしてそれを伸ばしている。

こんなふうに労働行政を見ていると、随所に、「日本は正攻法で真面目に考えすぎる」と思える事象が散らばっているのです（たとえば、障害者雇用などもその典型）。

ようやくそのことに日本政府も気づいたのか、近年は、最低賃金の爆上げという形で、「一斉賃上げ→一斉価格転嫁」の波を生み出しました。こんな感じで、欧州のように「楽をして」数字を稼ぐことができるんだと、日本政府も少し気楽に構えることが重要でしょう。

男女共同参画と高齢者雇用には「静かな退職」が必須

さて、前置きが長くなりましたが、今、日本全体で、労働者を悩ませる問題を考えてみましょう。少子高齢化という国難を第一に置けば、一億総活躍などの「誰もが働く」フォーメーションが重要になります。実は社会全体でこのフォーメーション作りは進み、生産年齢人口（15～64歳）は、1995年のピーク時よりも、すでに1400万人も減少しているのに反して、労働者は500万人増えるという「奇跡」を日本は起こしています。

この間の労働力増大は、一に主婦、二に高齢者、三に学生となり、いずれもパート・アルバイトを主とした非正規×短時間労働でした。当然、賃金が低い層が新たに労働に加わったため、平均賃金は、下がり続けます。デフレに輪をかけて賃金水準が低迷した理由はここにもあったのでしょう。

その一方で、正社員に目を移すと、2014年以降、女性が海老反るように増えているのもわかります（103ページ、図表⑫）。2000年以降、大卒後に正社員就職する女性は増えていきましたが、彼女らも出産適齢期になると辞める人が多かった。だから、入ってくる人と辞めていく人がバランスされ、2014年までは女性の正社員数が頭打ちだったのですね。それが育児社員も働き続けられる制度が浸透したため、辞める女性正社員が減りました。

結果、新卒加入分が毎年上積みされて、女性の正社員が増え続けているのです。

そうして、女性も男性同様にフルタイムで働く社会になった。

すると今度は、家事・育児・介護といったケアワークは誰がやるのかといった問題が生じます。

性別役割分担のもと、もう女性にのみ押し付けることはできません。正社員としてフルワークする人たちが、一方で家庭活動をもできる体制を敷かなければならないでしょう。

すなわち、余裕のある正社員＝「静かな退職者」の蓋然性が高まっています。

７章で書いた通り、少子化の中では、労働意欲のある人には高齢期に差し掛かっても正社員を続けてほしいという社会的要望も高まっています。それが早晩、雇用期間の再延長につながるでしょう。こうした中で、「緩く長く」「錆びずに」働ける仕組みが重要になっている。こちらも「静かな退職」で実現可能だと、７章に書いた通りです（ラジアーの定理を再読ください）。

ぜひとも、〝脱「忙しい毎日」、こんにちは「静かな退職」〟を政策の軸にしてほしいところです。

高度プロフェッショナル人材制度は蜂の一刺し

では、「静かな退職」の軟着陸に向け、行政は何ができるでしょうか。

助成金や支援金など、細かな施策は多々あるでしょうが、大元の本筋一つに絞って、ぜひ実現していただきたいことがあります。

それが、「高度プロフェッショナル（以下「高プロ」）制度」の改善と適用拡大です。

高プロ制度とは、10年以上に及ぶ論議の末に生まれた法令です。これは、欧米の「エグゼンプション」に端を発し、ある程度の高度職務を任されている人は、残業代が発生しないという仕組みのことを言います。

企業はだらだらと仕事をしている人に残業代など払いたくないから、基本的にこの制度の導入に前向きです。一方、労働者側は、「残業がタダ働きになってしまう」と猛反発します。そこで、「高給で市場価値が高く、いくらでも転職できるような」人材に限り、この制度を適用することを落としどころにした、というのが現状です。

私はこの制度が、社会変革のための「蜂の一刺し」だと思っています。小さく産んで、ぜひ大きく育ててほしいものです。

なぜ欧米ではエグゼンプションが成立するのか

さて、欧米のエグゼンプションとはどんなものでしょうか？

アメリカ合衆国のホワイトカラー・エグゼンプション制度では、対象となる人は「週給1128ドル以上（年収5万8656ドル以上）」となっています。1ドル＝150円で換算すると、880万円程度です。あの、物価も給料もバカ高いアメリカでこの金額だから、日本に置き換えれば、それは400万円くらいになるのではないでしょうか。

決して「高給なハイレベル層」が対象となっているわけではありません。

なぜ、アメリカではこんなに広くエグゼンプションが認められているのか。ここを考えることにしましょう。

その最大の理由は、「日本のようにタダ働きさせない」「決められた仕事をしたら帰れる」「残業もそんなに多くない」「有休も取り放題」だからなのです。

加えて言うなら（欧米では当たり前のことですが）職務・ポストを決めた個別契約のため、日本の正社員のように異動や勤務地転換も原則ありません。この点も重要ですね。

いくら腕が良くて短時間で仕事を終えられる人でも、他職務や他地域に配転されれば、慣れないから労働時間が延び、残業が発生してしまいます。それでいて「残業代は支給しない」というのは全く納得いきません。

つまり、エグゼンプションにするなら、こうした労働者保護が全て「パッケージ」で入っていなければならないのです。日本の場合、企業主導でこの話が始まり、労働側は反対一辺倒だったため、残業代不支給という点にばかり目が向き、「見返りとしての労働者保護」がまだまだ不十分なのです。

整理するなら、高プロ制度は残業代不支給だけでなく、対価となる労働条件の改善をしっかり謳い、適用範囲を拡大すべきでしょう。

見えてきましたね。この適用則がすなわち「静かな退職」ルールなのだと。

高プロ制度の拡充点

政府に期待したいのは、「静かな退職」を念頭に、高プロ制度の関連法令を改良していくこと。以下のような拡充が望まれます。

・企業主導の職務・勤務地変更は行わない（現状でも記載はあるが、緩い）。
・適用前年までの同職務での平均残業時間などを算出し、それよりも緩い業務量設定とする（法律ではなく適用指針などに盛り込む）。
・年間最低休業日の拡大（高プロには現状104日以上という規定があるが、もっと増やす）。
・評価による給与の増減の許容（法律ではなく適用指針などに盛り込む）。
・基準となる年収（一案として大卒30歳正社員の平均給与よりも上、など）。
・有休の消化義務（時季指定では弱い）。
・インターバル規制の徹底。

などを基本に、政労使でぜひとも話を進めてほしいところです。

「静かな退職者」の雇用保障はどうするか？

もう一つ、行政的に問題となることを挙げておきます。

それは「雇用保障」についてです。

誤解されている方が多いかと思いますが、日本は決して法的に雇用保障が充実している国ではありません。なぜ日本では解雇が難しいと言われるかというと、それは、（特に大手企業は）裁判で負けることが多いからと言えるでしょう。

ではなぜ、裁判で日本の大手企業は負けがちなのか。

その理由こそ、「総合職社員」という制度にあるのです。この制度は、勤務地も職務も自分では決められず、企業の人事発令に従うことで成り立ちます。

とすると、仕事がなくなった場合でも、「他にある仕事に異動させなさい」と裁判所に判断されてしまう。仕事ができない場合も同様で、「他にできそうな仕事に異動させなさい」となる。裁判所としては、「企業は社員をいつも自由に異動させているのだから、都合の良い時だけ辞めさせるわけにはいかない」と判断するのです。

逆に、仕事も勤務地も固定された場合だと、解雇のハードルが大きく下がります。「その勤務地で仕事がなくなればクビにする理由になる」「その仕事ができなければクビにする理由になる」ということです。だとすると、「静かな退職者」は仕事も勤務地も決まっているから、クビになりやすいという問題が出てくるでしょう。

（ただし、「仕事ができない」というのは解雇理由として脆弱《ぜいじゃく》です。なぜなら、高プロに認定した時点で企業は彼らを「仕事ができる」と評価しているのですから。その後に仕事ができなくなったのは、マネジメントの問題だと裁判所に指摘されてしまうでしょう。とすると、解雇ができるのは、「仕事がなくなった時」のみということになります）

不況で仕事がなくなれば、簡単に「静かな退職者」をクビにできるというのは企業にとって好都合でしょうが、働く側は大いに不安です。

ここに何らかの法制を設ける必要があるでしょう。

たとえば「不況時には減俸してワークシェアリングにする」。その場合、減俸されるのも労働者側は嫌だから、その分を補うように「基金を作る」。この基金も、新たに公的保険制度を作るのか、それとも「静かな退職者同士」での寄り合いにするのか。この寄り合いは企業内限定か、それとも企業横断か。こんな関連法規や指針まで交えて考えていく必要がありそうです。

日本の労働政策はそれなりに頑張ってきた

私は、日本の行政は、こと労働政策に関してはけっこう頑張ってきたと思っています。世界の中で特殊な雇用慣行を持つ日本を、その時宜に応じて、時間をかけて継続可能なものへと変容させてきた歴史があるからです。

１９７０年代の日本型雇用全盛期であれば、それを延命させるために、オイルショック時には雇用調整助成金を作り、働き過ぎのバブル期には完全週休２日制への移行を行い、高齢化の進展とともに雇用延長も２度にわたり実現して、今は３度目に挑んでいます。

古くは１９６０年代の外資規制緩和への対応や、その前であればＧＨＱの「欧米型押付け」への反旗など、まさにその時点々で日本に必要な旗振りをしっかりやって来たのは間違いありません。

マスコミや有識者には「足りない」と叩かれながらも、「時代における弱者」への配慮もしてきました。戦後で見れば、軍人寡婦→高齢者→女性→若者とそれぞれに対策部署を設け、テーマとなった対象に政策を集中させてきたことも称賛されるでしょう。

近年でいえば、ブラック労働に対して、実に息の長い努力を続けたことも特筆すべきです。2010年代になってようやく社会はブラック労働に対して厳しくなりましたが、中央政府では、小泉政権時代に「多様な働き方研究会」を作り、この頃からインターバル規制・残業上限規制・代休付与・年間総労働日数規制などを謳い、2019年の労働基準法改正でようやくこれを成し遂げたという実績もあります。

ですから私は、一般マスコミのように頭ごなしに「政府はなっとらん」と言う気はありません。

流行ものへの寄り道はやめ、ぜひとも「静かな退職」を

ただ一方で、それぞれの時代において、政府は「安易な方向」へと舵《かじ》を切り、曲折を経たのもまた確かです。私は2019～22年まで厚生労働省の労働政策審議会の委員を務めました。そして、なぜこうした寄り道が起きるのか、ようやくわかってきたところです。

まず、中央官僚も人の子です。そして忙しい（とりわけ厚生労働省の官僚は）。目の前にはベルトコンベアに載っているかのごとく政策課題が流れてくる。これを次々と手早くまとめねばならない状況なのです。

その結果、「なるべく反対が出ず、まとまりやすい方向へ」と流れざるを得ないのでし

ょう。

そこで、以下３つの傾向が生まれます。

(1)流行《はやり》ものに飛びつく（皆が知っていて話がしやすい）。

(2)権威付けされたものを優先する（官公庁界隈《かいわい》で話を通しやすい）。

(3)反対が出にくい領域を多用する（イデオロギーや労使対立などがない）。

この３つが相まって、紆余曲折《うよきょくせつ》が起きているのです。

リスキリングなどは、(1)、(3)にあたるのがすぐわかるし、加えて「経済財政諮問会議」からのお墨付き（とはいえ、彼らは雇用政策に関してはド素人集団）を得ているから、(2)にも該当するでしょう。

こうした寄り道は致し方ないことと思うのですが、大元の「忙しい毎日」礼賛については、そろそろやめにする腹決めを、ぜひともしてほしいところです。

おわりに

私は、昨年還暦を迎えたロートルのジャーナリストです。人事・雇用系の雑誌の編集長を長らく務めていたおかげで、「雇用のカリスマ」なんてほめそやされ、いつの間にか、30冊余りの書籍を世に出させていただきました。

56歳の年にその雑誌の編集長も退任し、雇用系の総まとめとして人事3部作（『人事の成り立ち』『人事の組み立て』『人事の企み』）も書き上げ、やり残したことはもうないと、あとは悠々自適な余生を送るつもりだったのです。

政府の委員や大学の客員教授なども任期が来たら次々に降り、まさに「静かな退職」に向けた日々を送っていたのですが、昨年秋、にわかに身辺が騒がしくなりました。当時、再婚して半年ほどの頃でしたが、新妻が妊娠をしたのです。もうキャリアの終活などしてちゃいけないと思い、急遽《きゆうきよ》仕事をバンバン入れていた時に、PHP研究所の木南勇二氏からこの本の話をいただきました。

木南さんとはすでに2冊ほど本を作らせていただいたよく知る仲なのですが、本書の企画を持ち掛けられたのは10月。この本は、私の経験値全てを生かせる格好の題材と思い、まさに腕が鳴る思いがしました。ただし、脱稿は12月中旬という雑誌並みのスケジュール！ 前言した通り、妻の妊娠発覚以降、仕事は詰め込んでいましたが、ここは一念発起してでも物するべきだと心に期したわけです。

本書は、ただのビジネス・ノウハウ本にはせず、私が雇用や人事関連で見聞きし、そして考えてきた「社会の構造」を余すところなく示せるように、との思いで作っています。世の中の多くの大人は、自分も働いた経験があるために、「キャリア」や「労働観」について、たいてい一家言を持っているものです。また、昨今は欧米への赴任経験のある方も多く、「あちらの国では」という話がまことしやかに語られもします。そうした「個人の見た自分周辺の世界」ではなく、多くの国に赴き、企業取材や個人インタビューを繰り返した総体をもって、「仕事とは」「働くとは」の答えを書いたつもりです。

出来栄えについては、読者の皆様に判断を委ねることになってしまいます。

私にとっては、こんな「若返る仕事」をくださった木南さんにただただ感謝するばかりです。

梅雨空の頃、私は3回目の父になります。

2025年1月

海老原嗣生

PHP新書
PHP INTERFACE
https://www.php.co.jp/

海老原嗣生［えびはら・つぐお］

サッチモ代表社員。大正大学表現学部客員教授。
1964年東京生まれ。大手メーカーを経て、リクルートエイブリック（現リクルートエージェント）入社。新規事業の企画・推進、人事制度設計などに携わる。その後、リクルートワークス研究所にて雑誌「Works」編集長を務め、2008年にHRコンサルティング会社ニッチモを立ち上げる。『エンゼルバンク――ドラゴン桜外伝』（「モーニング」連載、テレビ朝日系でドラマ化）の主人公、海老沢康生のモデルでもある。人材・経営誌「HRmics」編集長、リクルートキャリア フェロー（特別研究員）。『仕事をしたつもり』（星海社新書）など著書多数。

静かな退職という働き方

（PHP新書 1424）

二〇二五年三月十二日　第一版第一刷
二〇二五年七月 十 日　第一版第六刷

著者――海老原嗣生
発行者――永田貴之
発行所――株式会社ＰＨＰ研究所
東京本部――〒135-8137 江東区豊洲5-6-52
ビジネス・教養出版部 ☎03-3520-9615（編集）
普及部 ☎03-3520-9630（販売）
京都本部――〒601-8411 京都市南区西九条北ノ内町11
組版――株式会社ＰＨＰエディターズ・グループ
装幀者――芦澤泰偉＋明石すみれ
印刷所――大日本印刷株式会社
製本所――東京美術紙工協業組合

ISBN978-4-569-85879-1

ＰＨＰ新書刊行にあたって

「繁栄を通じて平和と幸福を」(PEACE and HAPPINESS through PROSPERITY)の願いのもと、ＰＨＰ研究所が創設されて今年で五十周年を迎えます。その歩みは、日本人が先の戦争を乗り越え、並々ならぬ努力を続けて、今日の繁栄を築き上げてきた軌跡に重なります。

しかし、平和で豊かな生活を手にした現在、多くの日本人は、自分が何のために生きているのか、どのように生きていきたいのかを、見失いつつあるように思われます。そして、その間にも、日本国内や世界のみならず地球規模での大きな変化が日々生起し、解決すべき問題となって私たちのもとに押し寄せてきます。

このような時代に人生の確かな価値を見出し、生きる喜びに満ちあふれた社会を実現するために、いま何が求められているのでしょうか。それは、先達が培ってきた知恵を紡ぎ直すこと、その上で自分たち一人一人がおかれた現実と進むべき未来について丹念に考えていくこと以外にはありません。

その営みは、単なる知識に終わらない深い思索へ、そしてよく生きるための哲学への旅でもあります。弊所が創設五十周年を迎えましたのを機に、ＰＨＰ新書を創刊し、この新たな旅を読者と共に歩んでいきたいと思っています。多くの読者の共感と支援を心よりお願いいたします。

一九九六年十月

ＰＨＰ研究所